JN111016

Fucked at Birth:
Recalibrating the American Dream for the 2020s

コロナ禍のアメリカを行く

ピュリツァー賞作家が見た繁栄から取り残された人々の物語

デール・マハリッジ
Dale Maharidge
上京恵 訳

原書房

コロナ禍のアメリカを行く

目次

ジョアンに捧ぐ

第一部
生まれたときからドン底

Fucked at Birth

生まれたときからドン底

人生最悪だった三月から六月までのあいだ――ボビー［ケネディ大統領の弟ロバート・ケネディ。一九六八年に暗殺］やマーティン［マーティン・ルーサー・キング・ジュニア牧師。一九六八年に暗殺］や数多くの夢が死んだ、私の青春時代の一九六八年以上に暗澹たる時期――、私は南カリフォルニアの海岸近くで暮らしていた。あらゆる人々に、それぞれのパンデミックの物語がある。ズーム（Zoom）経由のリモートワークという贅沢を享受できた比較的数少ないアメリカ人の一人という点で、私の物語は非常に稀有である。ウーバー、タクシー会社のリフト、フードデリバリーのドアダッシュ、運送業のフェデックス、アマゾン、UPSなどのドライバーとして働く必要はなかったし、一時補助金が尽きたあと元の仕事に戻れることを祈らなくてもよかった。私たちホワイトカラーの勤め人は、アメリカ人の大半は自分たちと同じ状況だと思い込んでいる。ホワイトカラーのほとんどは労働者階級とまったく交流しないからだ。悪意はないが、国民三億人の大部分がどんな暮らしをしているか見当もついていない友人は、新型コロナウィルスのような危機を乗り切るためにアメリカ人は五〇〇〇ドル、可能ならその倍の現金を手元に持っておくべきだと言った。だが彼女が大手出版社の記者に向かってそんな言葉を発する一年前、連邦政府は、戦後最高の景気のもとでもアメリカ人一〇人のうち四人は『四〇〇・一九ドルという予期せぬ出費を行う』ことができるだけの銀行預金を持っていないという報告書を出していたのである。

年の初め、私はニューヨーク・シティで教鞭を執っていた。二月末、病気になった。ひどく頭が痛み、長時間断続的に眠った。やがて椅子に座っているのも困難になった。腰が痛い。筋肉でも傷めたかと思ったが、その後腎臓の感染症を疑った。当時二人の病人と接していたからだ。新型コロナウィルスだとは思わなかった。政府は、ウィルスはまだアメリカ合衆国に入っていないと言っていたのだ(かなりあとになってカリフォルニアで抗体検査を受けたとき、一回目の結果は陽性の疑い、二回目は陰性だった。検査費用は五〇ドル。当時民間の検査所は何十もあったが、ほとんどはいいかげんだった)。かかってしまった、と思った。しかし、かかっていなかったのかもしれない。

国にはリーダーシップが欠けていた。まさにアメリカ的なストーリー――自分の身は自分で守らねばならない。マスクは無意味だと言われたと思ったら、今度は必要だと言われた。マンハッタンでは、店の棚から手の消毒液やアルコールが消えた。高校時代、私と友人たちはアルコール一九〇プルーフ(＝九五パーセント)の酒エバークリアを手に入れる手段を見出していた。我々のモットーは、「エバークリアがあるとき視界はクリアじゃない」。まだ売っているだろうか？　ブロードウェイの酒屋で最後の二瓶が見つかった。以来、私はエバークリアを入れた黄色い小さなスプレーボトルをどこにでも持ち歩き、両手をアルコール漬けにするようになった。

病気が治ったあと、オンライン授業への変更を余儀なくされてからも、私は市内にとどまった。通りはほぼ無人だった。物乞いの姿が目についた。脚がなく車椅子を持たない物乞いは、いつも私のアパートのそばにある〈ウエストサイド・マーケット〉前の歩道に座って手を差し出していた。店から出てくる客の数が減るにつれて、物乞いは必死になっていった。彼は、ヒョコヒョコ走るカニさながら、私に向かって猛スピードで這ってきた。二本の義足と一本の腕で体を前に押し出しつつ、もう片方の腕を伸ばし、手のひらを広げて。血走った目で嘆願し、開いた口からはよだれを垂らしていた。翌日の夜、私はジョン・F・ケネディ国際空港にいて、人けのないジェットブルー航空ターミナルの写真を友人たちに送っていた。一人の友人への電話では、「まるでゾンビ映画の一シーンだ」という陳腐な言い回しを使った。いや、これこそ今の現実なのか？　カリフォルニアまでのフライトに、乗客はたったの二八人だった。

その後二カ月間、私は友人たちのところに引きこもり、裏庭にあるコテージで仕事をした。多くのホワイトカラーのアメリカ人と同じく、他人との交流は避けた。アマゾンやＵＰＳやフェデックスのドライバーが玄関ポーチに次から次へと箱を置いていくのを、窓から見つめた。彼らとじかに接することはなかった。

太平洋夏時間五月二六日火曜日の朝遅くにコーヒーを飲みながら読んでいた『ニューヨーク・タイムズ』紙は、アメリカ合衆国労働省の報告によると先週失業給付金を申請したアメリカ人は過去最高の三三〇〇万人を記録したことと、東部のマーケットが高騰していることを伝えていた。ダウ平均は三〇〇〇ポイント上がり、S&P指数は一一週間ぶりの高値になりそうだという。情報サービスのブルームバーグ社は、『パンデミックによる景気の最悪期は脱したとの推測に基づいて投資家がリスクアセットに資金を投じたため、株価は早期に上昇した』と報じた。

その日はゴミの日だった。私はコテージを出て、私道のいちばん奥にあるキャスターつきのプラスチック製ゴミ箱を取りに行った。家の角を曲がって大通りに向かって坂を下りはじめたとき、まだゴミ収集トラックが空けていなかった明るいブルーのリサイクル容器のところに一組の男女がいるのに気がついた。上げられた彼らの顔に罪悪感が浮かんだ。服装はきちんとしていて、非常に場違いに見える。「カネを手に入れるためにゴミ箱を漁ることになるなんて、まったく思わなかった」ルディ・リコは言った。「だけど、食べなくちゃ生きていけないから」

近くのジョオウヤシに止まったマネシツグミの鳴き声が静寂の中に響き渡る。ルディはパンデミックのせいで解雇されるまで造園技師をしていた。

「姉のところに身を寄せたけど、姉は肝臓を患っていて、医者は居候を家から追い出すように言ったんだ」ルディは説明した。

ルディと妻のクリスティーナは、なかなか支払われない失業給付金を待つあいだに選択を迫られた。パンデミックのため支払いを猶予されていた家賃をいずれ払うときに備えて給付金を取っておくか、それとも車の費用に充てるか。夫婦は車を選んだ。今は車が彼らの家だ。車は大通りに停めている。警官に見咎められないよう毎晩違う道路に停車して寝ているが、できれば海岸にある公衆トイレのそばがいいという。

ゴミ箱には、私が宅配の箱を小さく切ったボール紙に交じって、大量の炭酸飲料水やビールの空き缶や瓶が入っていた。「ここにあるだけで、三ドルくらいにはなる」ルディは言った。それはなかなかいい数字だ。一日じゅうゴミ箱を漁って回っても、五〇ドルくらいにしかならないのだ。「ただで何かをもらいたいとは思わない。それよりは空き缶を集めるほうがいい」。ルディは失業給付金をおさめたポケットをポンポンと叩いた。「だけど、［これのおかげで］車は失わずにすむ」。夫婦はどちらも五五歳、結婚して三七年になる。ルディが仕事に戻っても、しばらくはホームレスのままだろうと彼らは言った。「またアパートに入るには三〇〇〇ドルかかるんだ」

クリスティーナは、私道をやってくる私を見たとき、ほかの金持ちと同じように文句を言うつもりだと思ったそうだ。

「怒る人もいるのよね」彼女は言った。

人は年齢を重ねながら、自らの人生について常に変転する物語を作っていく。政治家が大衆に受ける物語を作るように、他人に受ける物語を作るわけではない。生きていく中でさまざまな物事に対処し、それらを理解するために、自分が納得できる自分自身の物語を作るのだ。これが、オハイオ州で過ごした私の子ども時代の物語だ――戦争で心がすさんだ怒りっぽい父には、独立して金持ちになるという夢がある。日中は遠くの工場で働き、夜は巨大な鉄の機械で鋼鉄の道具を研磨する副業をしている。私は思春期になる前から、父と一緒に研磨の仕事を始める。父は酔っ払い運転の車に轢かれて瀕死の重傷を負い、何カ月も働けなくなる。私は機械工になるには幼過ぎ、技術もないため、一人で商売を続けることはできない。スクールバスの運転手の母は、教会から食料を施してもらって家族を養う。この物語において私は、将来ブルーカラーの労働者になって不安定な暮らしをすることになるのかと怯えながら暮らしている。

次は二〇代前半の物語――私はライターを自称し、雨や霙の中でも五〇キロ弱の半円状に広がる郊外でヤマハのオートバイを乗り回し、クリーブランドの新聞数紙の特約記者として教育委員会や市議会を取材して、工場で働く暮らしから脱却しようとしている。プラスチック・ファブリケーション株式会社でも働き、旋盤でベアリング用スペーサーを加工している。本物のライターではなく、そう詐称しているにすぎない。『クリーブランド・プレイン・ディーラー』紙などいくつかの新聞に書く署名記事は増えているとはいえ、それでも偽者だ。一九八〇年代には西部へ行き、ダットサンのピックアップトラックで暮らし、新聞社に売り込みの電話をかけつづける。何カ月経っても雇ってもらえない。今や単なるホームレスだ。サクラメントの大手新聞社で職を得たとき、物語は突然変化する。二〇代後半、私はある編集者が言うところの〝ブルーカラー〟ライターになり、私もその呼称を認める。

人生半ばの物語――私はニューヨークでカーネギー・ホールに出演中の歌手ケニー・ロジャースと握手をし、ナッシュビルでジミー・カーター大統領と話し、数多くの著名人と昼食をともにしている。〈ハーバード・ファカルティ・クラブ〉で経済学者ジョン・ケネス・ガルブレイスと、ビバリーヒルズで映画監督ウィリアム・フリードキンと、ニューヨークでロジャー・ストラウスと。ジェリー・ブラウンにラジオ番組でインタビューされる前に、彼が市長を務めるオークランドの市庁舎でおしゃべりする。警備員に見つかって刑務所に放り込まれないことを願いながら、歌手ブルース・スプリングスティーンとともにヤングスタウンの廃業した製鋼所に忍び込む。それ以外の著名人とも夕食を取っている――講義のためスタンフォード大学に呼んだ作家トム・ウルフと、ニューヨークで歌手ブルース・コバーンと、シカゴで作家スタッズ・ターケルと。マウンテンビューの海岸線にある〈ベック〉の横に立ち、楽屋から走り出てきたミュージシャンのクリッシー・ハインドとうっかりぶつかって倒れそうになる。アッパー・イースト・サイドで開かれた文壇のパーティで政治家ジョージ・ステファノプロス、編集者アリス・メイヒュー、新聞記者カール・バーンスタイン、作家ケン・オレッタ、司会者チャーリー・ローズと会う。チャーリーは私に同行してきた女性の尻をつかんだ。ブルースとスタッズ以外の人間のことはよく知らないし、もう二度と会わないだろう。私は著名なスタンフォード大学客員教授、のちにはコロンビア大学の終身在職教授になる。実際大学に籍を置いてはいるものの、そういう肩書や情景にはあまりなじんでいない。むしろ居心地が悪い。もはやブルーカラーの青年でもブルーカラーのライターでもない。表向きはアイビーリーグの大学に属しているが、自分が本物のアイビーリーグの教授だとは思っていない。個人的には、私は依然として偽者だ――どの世界においても。私はどこにも属していない。

作家ボルヘスが記憶に関してインタビューで語ったことを覚えている。父親が彼に話したことだ。

「(前略) 今日、今朝のことを振り返ったなら、今朝見たもののイメージがよみがえる。しかし今夜、今朝のことを考えたら、本当に思い出すのは最初のイメージではなく、最初に記憶によみがえったイメージである（後略）」。そして彼はコインを積んでそれを例証した。一枚のコインを別のコインの上に置いて言う。「さて、一枚目のコイン、いちばん下のコインが、たとえば私の子ども時代の家についての最初のイメージだとする。二枚目は、ブエノスアイレスへ行ったときその家に関して持っていた記憶。そして三枚目はまた別の記憶、と続く。記憶を重ねるごとに、少しずつ歪みが生じる（後略）」

我々の物語は、テーブルに積まれたそういうコインだ。何度も何度も物語を再現していくと、いちばん上のコインは自分の人生を美化したものになってしまう。六〇年も生きていたら、自分はいったいどうなってしまうのか。クリーブランドでの青春時代とかけ離れたその朝、ルディとクリスティーナに会ったことで、私の中の何かが上に積んだコインを払いのけ、ほんの一瞬だがテーブルに置かれた最初のコインを垣間見せた。その夜サンディエゴで、私は彼らのインタビューのデジタル録音を再生しつづけた。ベッドに横たわって、あの夫婦のことを考えた。彼らは、私が成長期をともに過ごした労働者階級の人々を思い出させた。

終わりは見えなかった。国民が感染拡大を抑える努力をしていたら、そのうち連邦政府が計画を立ててくれるだろう。ところが政府は計画など作らなかった。国民は外出を控えることになっていたが、期間はどれくらいだ？　一年？　二年？　この現在進行中のゾンビ映画という新たなパラダイムには、どんなルールがあるのだろう。楽しむことは許されるのか？

ルディとクリスティーナに会った翌日、私は友人と一緒に砂漠へ行った。彼女は海岸から離れて不毛な灰色の山中へと車を走らせた。道路標識は弾痕だらけだった。私たちはクレオソートノキが点在する乾燥した谷底へと下りていった。一九三〇年代に建設されたリゾート地が遠くに見える。そびえ立つオキナワシントンヤシの群生とギョリュウの原生林のおかげで、オアシスのように目立つ場所だ。俳優・劇作家・監督のサム・シェパードなら、きっとここを気に入っただろう。マスクをしたフロント係のところでチェックインし、横から現れた別のマスク姿のスタッフに無言で体温計の光を額に当てられると、シュールな雰囲気がさらに増す。多く立ち並ぶ赤いタイル屋根のバンガローのうち予約されているのは数棟だけらしく、ほかに見たのは敷地を歩く一組のカップルだけ。それでも私たちはマスクをつけ、私はエバークリアをたっぷりと使った。その日の午後と翌日の午前中、真っ青な空の下で広々とした青いプールを使ったのは、私たちだけだった。他人の姿はまったくない。私たちはマスクを取り、プールの浅い側でビーチボールを投げ合った。昼に出発すると、廃墟と化したガソリンスタンドが目を引いた。色褪せたアメリカ国旗が正面に描かれている。

友人は、止まろうかと訊いてきた。「いや、光がきつ過ぎて、いい写真は撮れないよ」。いい写真を撮るには夕方の明るさがいい。いや、夜明けのほうがもっといい、旗は東を向いている

から。彼女が道を曲がってスピードを上げはじめたとき、私は思った――光なんてどうでもいいじゃないか。「止まってくれ」私は言い、彼女は車を路肩に寄せた。砂漠の空気の中に、ドアをバタンと閉める音がくっきりと響く。私たちはその場にたたずみ、写真家のウォーカー・エヴァンスや私の長年の協力者マイケル・S・ウィリアムソンなら喜んで写真におさめたであろう建物を見つめた。玄関ドアを入ったとき、後ろの窓を部分的に覆うベニヤ板にスプレーで書かれた落書きが目に飛び込んできた。

〝生まれたときからドン底〟

パン(ローブス・アンド・フィッシュズ)と魚

精神的な落ち込みは二度経験した。一度目は一九八三年、二度目は一九八五年。どちらのときも、原因の一部は、あの廃業したガソリンスタンドで落書きを書いたような人々と長時間過ごしたことだった。一九八五年の落ち込みは、私とマイケルが新人浮浪者たちとともに数年間鉄道の旅をしたことを綴った本、『あてどのない旅（*Journey to Nowhere*）』（未邦訳）を書き終えたあとだった。私たちはオハイオ州ヤングスタウンでこのプロジェクトを始め、鉄鋼業界の衰退と仕事を探す失業者たちのことを記録し、最後には彼らとともにカリフォルニアのセントラルバレーでサトウダイコンを育てることになった。執筆を終えたとき、私はサクラメントに住んでいた。インターネットと電子メールはまだ普及していなかった。徹夜した翌朝、私は最終稿のコピーを送るためフェデラルエクスプレス（当時はまだフェデックスではなかった）の営業所まで車を走らせた。帰り道、ホームレスのための小さな無料食堂と集会広場を持つ〈ローブス・アンド・フィッシュズ〉［イエス・キリストが少量のパンと魚（ローブス・アンド・フィッシュズ）を増やして大勢に食べさせたという奇跡にちなむ名称］という新しい非営利団体の前を通った。ほぼ男性ばかりの長い列が第二〇ストリートに並んで食事を待っていた。彼らの目を覗き込みながら車で走り去るとき、私は泣きだした。その後の数週間は最悪だった。精神科医に診てもらいはしなかったが、夜中にひどい胃痙攣に襲われ、体を二つ折りにして苦しんだときは内科医のところへ行った。医者は、発作の原因はストレスとＰＴＳＤだと言った。このいきさつは他の著作にも書いたので、ここで長々と描写する必要はないが、これだけ言っておこう——一九八〇年代が原因で私は一九九〇年代に世間から身を引き、いちばん近い隣人から八〇〇メートル以上離れた田舎の太陽光発電の家で、文字どおり自給自足で暮らした。その後、人口の一パーセントが富を蓄積する中で取り残される人々がどんどん増えていくことについて書いた。そして二〇一六年一二月、『スミソニアン』誌に、景気回復したはずの国でアメリカ人の貧困が広がっていることをテーマとして、二一ページにわたる詳細レポートを発表した。友人たちには、こういう仕事をするのはもう最後だと宣言した。ほかに言うべきことは残っていなかった。

だがその後、ルディとクリスティーナに会い、砂漠で放置されたガソリンスタンドに入った。あの夫婦のこととベニヤ板に書かれた言葉が頭から離れない。ある夜、コテージでモニターとして使っているテレビ画面に写真を拡大して表示し、じっくりと眺めた。その建物で写したほかの落書きにも目をやった——マリファナや人の名前や愛の対象といった、ありふれたもの。

落書きはさまざまな色で書かれていた。『生まれたときからドン底』を書いた人間は、内容に最もふさわしい黒を選び、スプレー缶を板に近づけて、スプレーが垂れてしずくがこぼれるくらいゆっくり書いていた。強い力が込められている。この人物の苦悩が感じられた。生まれたときからドン底とは、どんな状態なのか？　このような悪態を生む原因は無数にある。私は数十年にわたって何百人もの苦しむアメリカ人と話す中で、それを学んでいた。明らかに生まれたときからドン底だという人間は存在する。合成麻薬オピオイドの依存症の母親から生まれた者、胎児性アルコール症候群を持って生まれた者。貧困家庭に生まれた者。肌の色のせいで、生まれたときからドン底の人間。自分が生まれたときからドン底であることに気づかない者もいる――両親や祖父母には仕事があったから自分にも仕事は常にあると思い込んでいるのだ。けれど会社はやがて中国かメキシコに事業を移すと宣言し、高卒で四五歳を過ぎた人間がいくら職業再訓練を受けても生活を維持できるだけの技術を習得するのは難しい。

この世に現れたタイミングのせいで、生まれたときからドン底という者もいる。私が生まれたのは、ブルーカラーの鉄鋼労働者の息子が、たとえ私のように大学を中退するといった挫折を経験しても、立ち直って出世できた時代だった。私が一九八二年に二四歳で初めて買った家は、きわめて良好な環境の郊外の二〇〇〇平方メートル近い敷地に立つ三部屋の平屋で、値段は新聞記者としての年収の約三倍、七万ドルだった。こんな家を買えた決定的な要因は二つある。その一、私は白人であり、黒人ではなかった。その二、私が成人したのは歴史上稀有な時期、労働者階級の子どもが世に出て大成功をおさめることが可能な時代だった。第二次世界大戦の戦果として、アメリカ合衆国の経済力は世界全体のおよそ四分の三を占めるまでになった。国際通貨基金（ＩＭＦ）によれば、現在のアメリカの経済力は世界経済の二四パーセントほどである。これはまだ予想より少し高い、とエコノミストは言う。二〇世紀半ばのピークから下降するのは必然だった。とはいえ、一パーセントの富裕層だけに富が集中するような事態は、別に必然だったわけではない。

二〇二〇年代に労働者階級に生まれたなら、出世が期待できないのはほぼ確実である。ゆえに〝生まれたときからドン底〟なのだ。パンデミックによる景気後退の前でも、コロンビア大学で私が教える学生の多くは充分生活できるだけの賃金が得られる仕事を見つけるのに大変苦労していたし、見つかってもたいていは臨時雇いだった。蔓をつかんで仕事から仕事へとヒョイヒョイ飛び移っていくのではなく、デンタルフロスのような細い糸で仕事にしがみつくしかなかった。

一〇年ほど前、私とマイケルは『繁栄からこぼれ落ちたもうひとつのアメリカ——果てしない貧困と闘う「ふつう」の人たちの30年の記録』（ダイヤモンド社、ラッセル秀子訳、二〇一三年）という本を出した。四半世紀にわたる私たちの仕事を振り返った記録である。サブタイトル（原題のサブタイトル"*Tales from the New Great Depression*"＝『新たな大恐慌時代の物語』）について書評家から反発があるだろうと思ったが、論争は起きなかった。収入が横ばいか低下した三分の二のアメリカ人にとって、これは純然たる真実なのだ。今の景気の下降が、私がその本で記した一九八二年のような深刻な不況になるのか、あるいはもっとひどくなって二一世紀の大恐慌と公式に呼ばれるようになるのか、現時点では定かではない。しかし、ウィルスは既にこのサブタイトルの現実性を露わにしている。私たちは既に長期間、非公式にこの領域にいるのである。

一九八〇年代初頭には、単に現実を意識すれば政治的・社会的変化が起こると考えていた。現に起こっていることを記録するだけでいいのだ、と。一九八五年初めに刊行した『あてどのない旅』は、〝新人〟ホームレスと増大する不平等をテーマにした初の本だった。ほどなく同様の本が何十冊と出版され、その後の数十年で何百冊にもなった。そういう本は（我々の本を含めて）どれも同じように聞こえる。いわば、安酒場で演奏されるが客は皆酔っ払っていてちっとも聴いていない退屈なカントリー・バラード。いっとき、私はこういう仕事を終わりにしたつもりだった。少なくとも、あの本で行った、体系的にリサーチして広範囲のアメリカ人の物語を辛抱強く述べるような仕事は。その後私は砂漠へ行き、あの落書きを見つけた。そろそろ歌を替える潮時かもしれない。

数週間後、再び砂漠へ行った。廃業したガソリンスタンドに着いたのは午後早くで、いい写真を撮るにはまだ光が強過ぎた。それはかまわない、じっくり時間を取りたかったのだから。私とマイケルは長年のあいだに多くの廃墟を探索してきた。中西部から北東部の錆びた工業地帯（ラストベルト）の廃工場、テキサス州からネブラスカ州南部までのハイプレーンズの放棄された農場、深南部の崩壊しかけた小作農民の掘っ立て小屋やプランテーションの豪邸。こうしたゴースト化した場所に棲みついた迷える霊たちとは和解せねばならない。そうしないと、神聖な地を冒瀆しているように感じてしまう。私は静寂の中で――その静寂は、ときどき近くの一時停止標識の前で車がアクセルをふかす音によって破られたが――瞑想し、過去四〇年に思いを馳せた。誰かに咎められるかもしれないと心配したが、私が午後じゅうそこにいることを気にする人間はいなかった。私は思った――私がこの廃墟を見つけたのか、それとも廃墟が私を見つけたのか？人生は往々にして、私たちを見るべき場所に送り込み、読むべきメッセージを届けてくる。私は、日が沈んで砂漠に夕闇が広がるまでその場にとどまった。そして写真を撮った。

経済は既に、〝パンデミック不況〟の様相を呈している。これは本書執筆時点で近日発売予定の『フォーリン・アフェアーズ』誌［二〇二〇年九月／一〇月号として発売済み］でエコノミストのカーメン・ラインハートとヴィンセント・ラインハートが名付けたものである。私はこの旅を始めるとき、一九二九年晩冬のアメリカに足を踏み入れるのはこんな感じなのだろうと想像した。

第二部
カリフォルニア

CALIFORNIA

ヘビの巣穴（スネーク・ピット）

私はニューヨーク・シティに戻らねばならなかった。飛行機は怖かったので、運転していく計画を立てた。車で寝泊まりし、コロラド高原のつるつるした岩の渓谷を歩き、途中何人かの友人に会おう。だがルディとクリスティーナに会い、廃業したガソリンスタンドを見つけた数日後、当初の計画は放棄した。その代わりに、この不安定な時代におけるアメリカについて書くという企画を『ネーション』誌の担当編集者に提案した。あの落書きを見て私はいても立ってもいられなくなり、この移動を取材の旅にしたのだ。私はジャーナリズムの講義で、学生たちに〝中心となる課題（central question）〟を持つよう教えている。学術的な社会学研究で用いられる用語だが、物語風に話を進めるという目標にも適している。課題には、答えが得られねばならない――そうでなければ物語にならない。私にとっての課題は〝生まれたときからドン底〟である。出会った人すべてに、色褪せたアメリカ国旗の絵が描かれたガソリンスタンドの外観と内部にスプレーで書かれた言葉を写したスマートフォンの写真を見せるつもりだ。彼らの反応は、一種のロールシャッハ・テストになるだろう。苦しんでいる人々は全国にいるが、この落書きの言葉に共感する人もいれば、しない人もいるだろう。どんな感想を聞くことになるかは、予想もできなかった。

まずはサクラメントへ行かねばならない。昔私が住んでいた頃に比べて、今ははるかに発展した都会になった。ここへ行くのは、私の人生初期の物語――ホームレスで野心あふれるライター時代――に戻ることだ。そこでは暗闇に直面することになるだろう。州間高速道路五号線でセントラルバレーを通っているとき、昔の日々が思い出された。数カ月ダットサンのトラックで暮らしたあと、ついに有望なニュースが飛び込んできた。『サクラメント・ビー』紙の編集者ロバート・フォーサイスが電話で、ポジションが一つ空くかもしれないと知らせてきたのだ。予定どおりにはいかない可能性もあるから、あまり期待し過ぎるな、と彼は言った。大統領選挙の翌日、はっきりした答えが出るという。私は奮発して南カリフォルニアのドヘニー・ステート・ビーチのキャンプ場の一画を借り、海岸線を歩いて緊張を和らげようとした。水曜日の朝、胸をどきどきさせて公衆電話まで行った。「いいニュースと悪いニュースがある」ボブ(ロバート)は言った。私は悪いニュースを先にしてもらった。「レーガンが大統領になった」。一九八〇年一一月一七日、私は正式に雇用された。

私は、アメリカン川の北側、ベニバナなどさまざまな植物の草原に囲まれた真新しいアパー

サクラメントのダウンタウン北部にあるアメリカン川のキャンプ地、1936年。
（写真：ドロシー・ラング、アメリカ農業安定局）

サクラメントのダウンタウン北部にあるアメリカン川のキャンプ地、2020年。

トに引っ越した。そこは、当時広大な農業地帯だったところに最初にできた団地の一つだった。仕事のあと、ときどき南へ向かってディスカバリー・パークまで歩いた。ゴールドラッシュでにぎわったシエラネバダの山々から流れてくるアメリカン川は、ここでサクラメント川と合流する。河畔林やツタの絡まる野ブドウが、人を寄せつけないほど鬱蒼と生い茂っている。ところどころに藪に通じる小道があり、小道の突き当たりの地面にはボール紙や新聞が敷かれていた。ここに人が寝ていたのだ。いったいどんな人たちだろう。不法入国者？　それとも、当時まだ〝ワイノー〟［アルコール依存症のホームレスを指す蔑称］と呼ばれていた人か？　労働者階級に生まれてはいたが、私はホームレスやアルコール依存者についてまったく何も知らなかった。私は新聞に記事を書かずにはいられず、それは一九八一年一月一七日に掲載された。私は数日間、昼も夜も非営利団体〈ボランティアズ・オブ・アメリカ（VOA）〉が運営するドロップイン・センター（通称は更生治療センター）で過ごした。ここに泊まらないホームレスたちは、彼らが〝草むら〟と呼ぶあの露営地で眠った。警官に捕まってセンターに連れてこられた者は、コンクリートの床に並べられた六〇枚のマットレスのうち一枚の上に倒れ込む。女性は一人もいなかった。ここは基本的に、社会から見捨てられた男たちの〝倉庫〟だった。とはいえ、中には社会復帰する者もいた。職員は、九〇〇〇人の〝どうしようもない〟常連がいると言った。『悲惨な生き方である。三〇歳の男が老人に見え、六〇歳を超える者は死人に見える』と私は書いた。『おびただしい数の、ねじれた姿勢で意識を失った体。空気は湿っぽく、汗やワインや吐瀉物や消毒剤のにおいがする』。今記事を読み返すと、純朴さと若さが感じられる。それが当時の私だった。一九八二年には、この情景やそれについての私の見方は大きく変わった。新しいホームレスが大量に生まれたからだ。それまで一度も路上で寝たことのなかった人々、当時全土を席巻していた不況の被害者たちである。

私は、川沿いで野営するホームレスが急に増えはじめた週をピンポイントで示すことができる。一九八二年の春には、バノン・ストリートの貧民救済所の向かい側にテント村が現れていた。六月の第一週、彼らは立ち退かされた。私は一九八二年六月一三日発行の新聞に、そのことを書いた。

四カ月前、ロン・ブレアは解雇され、家と呼べる場所はなくなった。そのため、仕事を探しながら、〈ボランティアズ・オブ・アメリカ〉がバノン・ストリートで運営する貧民救済所でキャンプするようになった。

一週間前、彼はそのささやかな住み家すら失った。

貧民救済所の裏の草原にあったキャンプ地はフェンスで仕切られ、閉鎖された。予算カットのため、そしてサクラメント市がその敷地に自ら管理するビルを建てたかったからだ。

閉鎖と同時に、ディスカバリー・パークやアメリカン川河畔で野営する人の数が増え、前週に彼らを立ち退かせていたサクラメント警察をおおいに悩ませた。

「やつらは、俺たちをこの街から出ていかせたがってる」ブレアは言う。「俺はこれまでずっと税金を払ってきた。ここにいるやつらのほとんどは、毎日働いてる。どうして俺たちを犬みたいに扱うんだ?」(後略)

その後の何年かは、〝貧困〟が私のテーマになった。私は一九八〇年代をサクラメントで過ごし、飢えやホームレスの暮らしについて新聞に書いた。八〇年代の終わり頃には、ホームレスを取り締まる〝ブロンコ・ビリー〟と呼ばれる警察隊ができていた。ある日の午後遅く、私のデスクの電話が鳴った。しわがれた男の声が、警察は翌朝ホームレスを急襲するつもりだと告げた。「六時半、第一六ストリート橋の下の川に来い」、ガチャリ。私は、警察がそこで暮らす人々を追い払って持ち物を運び去る様子を報じた。

一九九一年、私は新聞社を辞めた。ある本について講演するため二〇〇九年に再びサクラメントに来たのは、トーク番組『オプラ・ウィンフリー・ショー』で巨大なテント村のことが紹介されたあと当局が村を閉鎖した直後だった。政治家は「健康と安全上の懸念」に言及し、報道されても平然としていた。人権派弁護士マーク・メリンは〝安全地帯〟、つまりホームレスが野営できる合法的な場所を求めて奮闘しており、私はその午後、抗議デモ行進に同行した。長年ホームレスへの敵意を持ちつづけているサクラメント当局は反発していた。やがて一一年後、私がまたサクラメントに来たまさにその日、メリンは記者会見を開き、ウィルス対策という理由もあって、ようやく安全地帯を作る権利を得たと発表した。

もちろん、状況は以前と変わっていた。話している人間を除けば、記者会見に出席している全員がマスクをしていた。だが顔が隠れていても、ごわついた白い顎髭と白髪のポニーテールのおかげでジョン・クレインツを見分けることはできた。一〇年前に会ったホームレスだ。今はアパートに住んでいるが、ホームレスのための活動は続けているという。彼は、私がガソリンスタンドのアメリカ国旗と内部の落書きを見せた最初の人物だった。私のスマートフォンから顔を上げるやいなや、ジョンは言った。「アメリカ独立宣言は、すべての人間は平等に作られたと言う。そいつは、この国最初の大嘘だ。カネがあれば大事にしてもらえる。何もかもカネ次第なんだよ」

私はサクラメントの〈ローブス・アンド・フィッシュズ〉アドボカシー・ディレクター、ジョー・スミスと一緒に記者会見を見に来ていた。彼の仕事はホームレスたちの中に入っていき、彼らに種々のサービスを受けさせることだ。私たちは数日前、電話で初めて話していた。彼によると、パンデミックが始まって以来、ホームレスの人々が周辺の郡からサクラメントに流入してきたという。かつて私が暮らしていた場所から遠くないアメリカン川沿いの情景は昔と一変しているだろう、と彼は言った。今、第一六ストリートから入ったところには〝スネーク・ピット〟というキャンプ地ができている。「そこでは六〇〇人が暮らしてる。今じゃキャンプ地はまるで都市みたいに発展して、キャンプ地の中にダウンタウンのエリアがある。端のほうにはテントが八つ、九つ集まった小さなまとまりがいくつもある。街区みたいなもんだ」。ホームレスの数は公式には五五〇〇人とされているが、実際のところ一万人はいるらしい。

記者会見のあと、〈ローブス・アンド・フィッシュズ〉に立ち寄った。ここは今やダウンタウン北部の工業地帯に二万平方メートルを超える敷地を有しており、ホームレスの工業団地といった感じがする。ホームレスの子どもが通う学校、女性のための保護施設や居住地、精神科クリニックなど多くの施設がある。この非営利団体は公的資金を受け取っていないのが自慢だ。ああしろこうしろ、と国から口を出されたくないのだ。二〇一九年の支出は寄付で得た七四〇万ドルで、職員は八〇人だった。その年には一三万六三八四食の食事と一五万二四〇〇杯のコーヒー、三万三五〇回以上の熱いシャワーと髭剃りを提供し、倉庫から四七トンを超える食料を分配した。

姿は見えないが、「助けて！　助けて！」と何度も叫ぶ女性の声が聞こえた。この女性はいつも叫んでいるのだという。私は心配になったが、いつものことだからと誰も気にしておらず、詳しく調べる時間もなかった。さまざまなトラウマに直面するときは、いちいち取り合ってはならない、でないと自分自身がトラウマを負うことになる。私はそういう考え方を受け入れてはいたものの、決して慣れることはなかった。

私たちは〈ローブス・アンド・フィッシュズ〉を出てスネーク・ピットに向かった。川沿いを歩いていると、両岸の森や草地まで広がるテントやシェルターのおびただしい数に、頭がくらくらした。何十もの整然としたキャンプがある。ジョーは右を指差した。熟していない実をたくさんつけた野生のアーモンド林の向こう、黄金色のホソバオカヒジキやナガハグサの中で密集する木々のほうを。「なんだと思う? あっちのほうへ行くと、五〇〇人くらいが埋葬されてるんだ」。ここは一時的な宿泊地ではないということだ。私は、ドロシー・ラングが一九三六年末にアメリカ農業安定局のために撮ったアメリカン川沿いのホームレスのキャンプ地の写真を思い出した。正確な場所は特定できなかった——彼女の覚書はそこまで詳しくなかった——が、写真の土手を参考にすると、四四年近く前とまったく同じ場所を通っているのだと思われた。

スネーク・ピットには多様な人種がいたが、大多数は白人と黒人だった。私は多くの人に会った。その一人は、オークランドから来たアフリカ系アメリカ人のジョージだった。私たち二人は土手を歩いて彼のテントまで行った。そこには一〇〇ワットのソーラーパネルがあり、一二ボルトのDCバッテリーの横には一〇〇〇ワットのACインバーターが置かれている。これによって照明とテレビが使え、近くで暮らす大勢の電話が充電できた。三〇代後半のジョージは、幸せな時代の写真であふれる家族のアルバムを出してきた。最近亡くなった母親の写真もある。彼は泣きだした。土手をのぼっていくと、ジョーはここに住む白人女性と話していた。私は、なぜここがヘビの巣穴(スネーク・ピット)と呼ばれるのかと尋ねた。

「ここはヘビだらけだからね」女性は言った。

「冷血動物のことじゃないよ」ジョージは言った。

「地面で暮らすヘビもいるけど、ほとんどのヘビは二本脚で歩いてるのさ」女性が付け加えた。

私たちは土手の上の道を歩きつづけた。ジョーは、景気の悪化に伴って新たなホームレスが殺到するのを覚悟していると言った。パンデミックのせいで完全に仕事を失った人々が、アパートから追い出されているという。「本当に恐ろしいよ。理由は二つ。大勢の人が新しく宿ありから宿なしになることと、それが急激に起こることだ。彼らの心は深く傷つく——自分の世界を失ってしまうんだから。二種類の反応が考えられる。怯えて、何もできなくなるかもしれない。ここへやってきて、ものすごく残忍になるかもしれない。ほら、生存本能ってやつだ。二つの極端な反応のうちのどちらかだ。僕もそうだったからわかる。僕もそういう人間だった……」

ジョーは黙り込んだ。一九八〇年代、この川は少々危険な場所にすぎなかったが、その後絶望のレベルは急上昇し、今はきわめて危険になっている。私は不意に、ジョーがついていてくれてよかったと思った。

「彼らは元の家から持てるものすべてを持ってこようとする。ここにいるやつらには、略奪的な行動がよく見られる。特に暗くなるとね。なんでもいいから人の持ち物を奪って、自分の優位性を主張するんだ」。彼は迫り来る危機を中西部の激しい嵐にたとえた。「それが襲ってくるときには世界が終わる。突然のドッカーンだ。あとには何も残らない」。彼は、新たなホームレスはただちに川沿いのテントで生活するようになるわけではないと言った。絶望的な貧困への旅を経るのだ。「車は手放すまいとする。もちろん、金目のものも手放すまいとする。そのせいで、人の不幸につけ込もうとする連中から、ますます目をつけられる。ホームレスになった最初の頃というのは、とんでもなく危険な時期なんだ」

やがてカネは尽き、車は壊れ、修理する余裕もない。防水シートの下に潜って雨露をしのぐようになる。私は長年のあいだ、取材でそういう光景を何度も見てきた。そんな過程は知っている。車がなくなったとたん、ホームレスになったことへの絶望で一気に狂気に陥る。たとえ最初のうち精神的に病んでいなくても、いずれそうなる可能性は高い。私はルディとクリスティーナのことを思った——彼らはいつかアパートに戻れるだろうか?

私たちは半ダース以上のキャンプを訪ね、住人と話した。ジョーは警察のことで不満を述べた。郡衛生局はコロナの蔓延防止のためホームレスを動かしてはならないという命令を出している。ところがサクラメント・カウンティ・パーク警察はホームレスが法律違反を犯したという口実でその命令を反故にしていた。

舗装された自転車道の横にあるキャンプの前を通り過ぎるとき、ジョーは、パイク・ストルツという住人が三度警察に引っ張られたと言った。そのうちの一度は、テントを支えるため木にロープを巻きつけたという罪だった。木を傷つけたわけでもないのに。帰り道に角を曲がっ

ORDER OF THE HEALTH OFFICER OF THE COUNTY OF SACRAMENTO DIRECTING ALL INDIVIDUALS LIVING IN THE COUNTY TO CONTINUE TO STAY AT HOME OR AT THEIR PLACE OF RESIDENCE, RECOMMEND WEARING FACE COVERINGS AND RELAXING RESTRICTIONS ON LOW-RISK BUSINESSES CONSISTENT WITH DIRECTION FROM THE STATE OF CALIFORNIA DATE OF ORDER:

May 22, 2020 UNDER THE AUTHORITY OF CALIFORNIA HEALTH AND SAFETY CODE SECTIONS 101040, 101085, AND 120175, THE HEALTH OFFICER OF THE COUNTY OF SACRAMENTO ORDERS:

Homeless Encampments

CDC guidance for those experiencing homelessness outside of shelters is to be strictly followed. To maintain public health and safety, allow people who are living unsheltered, in cars, RV's, and trailers, or in encampments to remain where they are, unless the people living in those locations are provided with a) real-time access to individual rooms or housing units for households, with appropriate accommodations including for disabilities, and b) a clear plan to safely transport those households. Do not cite, clear, or relocate encampments, or cars, RV's, and trailers used as shelter during community spread of COVID-19. Do not remove property from people experiencing homelessness, which includes their shelter (e.g., tents, vehicles, or other living structures), hygiene equipment, food supplies, water, and personal items. Items that people who are living unsheltered designate as trash and request to be removed can be disposed of. Clearing encampments causes people to disperse throughout the community and break connections with service providers, increasing the potential for infectious disease spread. Exceptions are encampments that pose an imminent and significant public safety hazard, such as a large excavated area of a levee.

パイク・ストルツを指差す警官。

たとき、あたかもジョーが召喚したかのように警官の一団がキャンプにいて、パイクを困らせていた。

「なんだろう?」私は尋ねた。

「見に行こう」

道を渡りかけた私を、ジョーは賢明にも引き留めた。「信号まで行こう。警察のやることに口を出すなら、法律は守らなくちゃ」

私たちは法律どおりに道路を渡り、近づいていった。だが、バッジ番号R71のM・ピアッツア警官が、下がれと命じた。私たちは三〇メートルほど離れたところに座り込んだ。ジョーは、パイクの受けた罰金命令の一つだけでも四八〇ドルになると言った。キャンプにいた別の男が、SUVのパトカーの中で手錠をかけられていた。男の目はぎらついている。ジョーによると、彼はかなり前に〈ロープス・アンド・フィッシュズ〉で人を殺して州刑務所に服役していたという。今は仮釈放中だ。警察がこのキャンプで嫌がらせをしているのは、自転車道の横にあって目立つからだろう、とジョーは考えている。スパンデックスのウェアに身を包んで一〇〇〇ドルもしそうな自転車に乗った人たちが、高速で走り去っていく。警察はパイクに出頭命令書を渡したあとも彼のキャンプからすぐには動かなかった。パイクは自転車道を渡り、私たちに今受け取った命令書を見せた。この一週間で四回目の呼び出しだという。今回は、オートバイで自転車道を渡った罪だ。なぜ警官に目をつけられるような道のすぐそばでキャンプしているのか、と私は尋ねた。五二歳のパイクは、私が気づいていなかった街灯を指差した。夜に明るい光の下で眠りたい、そのほうが安全だと感じられるからだ。野ブドウの茂みの中で寝たくはない。二本脚のヘビが闇の中で襲ってくるかもしれない。

私はスマートフォンを取り出し、砂漠で撮った例の写真をパイクに見せた。彼はパトカーで手錠をかけられたままの男を指差して、〝生まれたときからドン底〟はまさにあの男のことだと言った。「[あいつは] 生まれてから一度も幸せや希望ってやつに出合ったことがない。刑務所や施設みたいなとこしか知らないんだ。だけど俺自身は、生まれたときからドン底だとは思

ってない。今こうしてるのは自分にも責任があると思う」。ソーラーパネルを持つジョージも、私がキャンプで会ったほかの者たちも、自分を責めていた。パイクは、自分は以前アメリカ沿岸警備隊で働いており、警官の一人に「俺たちは自分の公園を取り戻してるんだ」と言われたとき心が苦しかったと言った。「パトロール隊員が自分の公園を取り戻すと言うとき、やつらはそれを自分の所有物だと考えてる。今の俺はアメリカ人じゃないのか？　俺たちは、人と人とのつながりを失ってしまったんだ」

この街にはほかにも二箇所、大きなホームレスのキャンプがあった。一つはサクラメント南部、もう一つは北西部のサクラメント川沿いにあって〝アイランド〟と呼ばれている。アイランドは年配者が多く集まっており、コロナ前から住人の安全を保つため周囲との交流を断っていた。パンデミックの今は、さらに閉鎖的になっている。「彼らは引きこもってる。きれいなところだよ。すごくきれいな、巨大なキャンプ地だ」。ジョーはそこを「裕福で穏やかな郊外住宅地」にたとえた。アイランドのリーダーはトゥワナ・ジェームズという女性。私が明日の訪問を許可してもらうには、まずは彼女による審査に合格しなければならない。ジョーは彼女の携帯電話の番号を教えてくれた。

アイランドにあるトゥワナ・ジェームズの住居。この写真にあるほぼすべて——テレビ、ステレオ、その他の品——はゴミ箱から集めたもの。

アイランド

私はジョー・スミスについて、踏み慣らされた道を歩いた。道の両側には、トネリコバノカエデ、BB弾大の緑の実をたわわにつけた野ブドウ、アメリカツタウルシが生い茂っている。やがて、木のまばらな林に出た。木々の隙間から、昼の陽光を反射してきらめく広いサクラメント川が見える。土手の端にはアイランドの犬を埋葬する墓地があった。十字架が、ヨギ、ガールフレンド、ジンジャーなどが永遠の眠りについた場所を示している。二本の十字架には「犬の祝福を（DOG BLESS）」［「神の祝福を（GOD BLESS）」のもじり］と書かれていた。

五〇歳のトゥワナは、昨夜電話で話した結果、会うことに同意してくれた。彼女は陽気な女性だ。自分ではアイランドのリーダーだと名乗りたがらないが、そう呼ばれて当然の存在である。なんとしても住人たちを助けたいという思いに突き動かされて行動しているからだ。話し方はセントラルバレーの貧しい労働者階級白人に典型的なもの――早口でモゴモゴと話し、聞き取りにくい。私はかねてより、これは黄塵（ダストボウル）［一九三〇年代に中西部で発生した大規模な砂嵐］のため移民した人々の遺伝的な話し方なのだろうかと考えていた。「映画の夜を設定してる。今週の土曜日は、まだ見てない人のために『パッション』を上映する予定。水曜日と土曜日の八時から九時には聖書教室を開いてる」。彼女は自分のテントにある小さな書庫の本を貸し出している。料理もする。今夜、アイランドで暮らす七〇人のうち三五人ほどのために作るメニューはピッグズ・イン・ザ・ブランケッツ。足元にあるビスケット生地でソーセージを包んで焼くのだ。アイランドのメンバーは資金を出し合っており、トゥワナはクラウドファンディングのゴーファンドミー(GoFundMe)のページで寄付を募っている。だが、皆の食事を用意するため自分自身のフードスタンプ［公的扶助としての食料費補助］や生活保護費を使うことも多い。「結局、おカネは連中やお年寄りを助けるのに使うことになる。だって、あたしはみんな大好きだから」。レネゲードという男のことを話すとき、トゥワナは涙を流した。「そこにいる人だよ。あの人は歩けないんだ。たまにトイレまで行き着けないこともある。そこいらじゅうを汚してしまうんだ……」。目が不自由な男性もいるという。

「あたしたちは、自分で自分の面倒を見てる」トゥワナは言った。「みんなでお年寄りの世話をする。あたしがお金を払って、お年寄りのところに水を届けさせてる」。今日はジョーが水の入ったケースを持ってきて、若い住人がそれを手押し車でキャンプまで運んだ。私は、仲間にピッグズ・イン・ザ・ブランケッツを食べさせるための費用を尋ねた。「クッキーと、クールエイドみたいな飲み物をつけて、六、七〇ドルかな」。一人二ドルほどの計算になる。このキャンプはスネーク・ピットとは対照的だ。清潔で、地面にゴミは落ちていない。私たちが話していると、近くに住む人がトゥワナの熊手を借りに来た。トゥワナの住まいはきれいに片づいている。小さなイエス像、紫色のガラスのハート、テレビ、ステレオ、扇風機などほぼすべてが、ゴミ箱から拾ってきたものだ。テーブルとあといくつかの品は、自分の兄からもらったそうだ。

トゥワナがこのコミュニティの運営について話しているのを聞いて、私は協同組合のようなものだと考え（ジョーはそれを「集産主義的共同体」と呼んだ）、ジョン・スタインベックの『怒りの葡萄』に登場するウィードパッチのキャンプを思い出した。ニューディール政策として公共事業促進局がベーカーズフィールドの南に設置し、トム・コリンズが管理していたキャンプだ。そのキャンプは自治を実践していた。暴力とはなんの関係もない、〝無政府状態（アナーキー）〟という語が真に意味する状態である。アイランドもそれとよく似ていた。ルールがあり、従わない者は追放される。警察に介入する口実を与えたくないと思っている。トゥワナたちは、放っておいたら無秩序になる暮らしに秩序をもたらしていた。

私は今後の状況を予想した。一、二年後には、多数のアメリカ人がパンデミックによる景気低迷のせいでアパートや持ち家を失うだろう。ルディとクリスティーナは、来るべき前例のないホームレスの波を、いわば先取りしていた。プリンストン大学立ち退き研究所、アスペン研究所、新型コロナウィルス立ち退き防止プロジェクト、全米低所得者用住宅供給連合などから成る居住者権利擁護団体・擁護者の連合体が発行した白書によれば、『強力かつ迅速な措置が取られなければ、今後数カ月で推計三〇〜四〇万のアメリカ人が住居立ち退きの危険にさらされる可能性がある』という。『アメリカ合衆国は史上最も厳しい住宅危機に直面するかもしれない。（中略）立ち退きを迫られる人々のおよそ八〇パーセントは（中略）黒人やラテン系である』

その三〇〜四〇万人のほとんどは、永久にホームレスになるわけではないだろう。だが実際にそうなる人間は、たとえ数パーセントでも、数にすればかなりのものになる。過去四〇年間のアメリカの政治を考えると、政府が彼らを助けてくれるとはとうてい思えない。住まいを失った人々は、トゥワナやその仲間と同じく、森の中でひっそりと自分たちだけの集団社会を作って自給自足することになる。残る唯一の疑問は、現代のフーバービル〔世界恐慌時にホームレスの掘っ立て小屋が立ち並んだ街の呼び名。当時の大統領フーバーの名にちなむ〕がどう呼ばれることになるかだ――トランプタウン、あるいは（勝利した民主党が何も助けてくれなければ）バイデンビルだろうか。

私はジョーに例の写真を見せた。

「わかるよ。僕もそう感じたことがある。そう、本当に感じたんだ。あのさ、昔と違う状況になって、人生を振り返ることがあるだろう。振り返って昔の自分を見てみたら、見える風景は

ジョー・スミス。アイランドにて。

違う。今の僕なら『生まれたときからドン底』とは言わない。だけど二〇一〇年なら？　確かにそう言っただろうな。

人は自分の身に起こったことから知恵を得る場合もあるけど、どうしようもなく腹を立てる場合もある。僕もそうだ。こいつはスプレー缶を手に持ってその場にたたずみ、頭の中で叫び声をあげて――で、ベニヤ板に字を書いたんだろう。ここに写ってるようなものは、必ず別の場所でも現れる。どんなときでもね」

二〇一〇年、ジョーは最悪の状態だった。ぐるぐる旋回を繰り返す人生の物語の中には、決して終わらないものもある。彼は当時、私が初めてサクラメントに来た一九八一年に取材した、まさにその組織にいた。「二〇一一年、僕は〈VOA〉のアル中施設、通称〝デトックス〟にいた。アルコールを断つための場所だ。僕は酒をやめた。社会復帰には五年ほどかかった。肝臓はボロボロだった」。ジョーはその肝臓で生きてきた。「こういうところで暮らしてると、当然ひどいトラウマを負うことになる」。これは一〇年前ではなく現在のことだ。ジョーは今なお、危険から逃れるにはどこに隠れたらいいかと想像することがある。前日スネーク・ピットで川沿いを歩いていたとき、彼はアメリカン川の土手を指差した。「あの場所に目をやるんだ……あの木に。すると、頭の中で自分のキャンプができるのが見えてくる。僕にはとんでもなくひどいPTSDがある。外で寝るとしたら、体をボールみたいに丸めて、一晩じゅうゴロゴロ動いてるだろうな」

二〇一六年、ジョーは掃除のボランティアに参加したあと〈ロープス・アンド・フィッシュズ〉で雇われた。「パートタイムの清掃員から始めて、パートタイムの路上監視員、フルタイムの路上監視員、そのあとフレンドシップ・パークの副園長になった」。そして今の仕事についた。「永遠に続くような気がした」ホームレス時代のことを、彼はそう言う。「だから、僕はちょっとユニークなアドボカシー・ディレクターだ。政策を立案するわけじゃない〔アドボカシーは「政策提言」といった意〕。実体験に基づくアドボカシー・ディレクターだ。僕はこういう生き方について、ほかの人が理解してないことも理解してる。それはスーパーパワーだよ。どうしたらいいかと考えるとき、僕たちはこういうスーパーパワーを使わなくちゃならない」

アイランドを出たあと、ジョーは私を〈ロープス・アンド・フィッシュズ〉まで連れて帰ってくれた。姿の見えない女性は「助けて！　助けて！」と叫んでいた。自分の車に乗り込んで、ロサンゼルスまで五号線で行くため南に向かう前、私はジョーが予期している新参者の波について再度質問した。

「そのための計画を作ることなんてできない」ジョーは答えた。「新たに五〇〇人に食事を提供することになっても、対処できる能力はある。資金調達や食料配達などの段取りは変わるだろうけど、実際の〝食事を作る〟という作業は？　問題ないよ」

「二〇〇〇人とか、三〇〇〇人だったら？」私は訊いた。

「大丈夫」

「本当に？」

「どうせ誰も逃げていかないしね」

グリフィス・パーク

もしも大恐慌が掘っ立て小屋（フーバービル）やパンを求める失業者の果てしない行列というイメージを喚起するなら、もしも大不況（グレート・リセッション）［サブプライムローン危機に端を発した世界的不況］が抵当権実行による都市や地域の空洞化を連想させるなら、新型コロナウィルスのパンデミックはどんな様相を示すことになるのか？（中略）住宅の立ち退きやホームレスの急増が現在の危機の重要な局面となるのは間違いない。（中略）今後さらに、人々を計画的に家から追い出すことが増えるだろう。既にロサンゼルスでは、しばらく前からそれが行われている。（中略）公正な住宅供給の検討が必要となるのは、まさにこのような危機のときである。黒人問題研究家クライド・ウッズの鼓舞により、我々は自分の能力を〝検死〟や〝社会的トリアージ〟のためだけに用いる〝学問の検視官〟になることを拒絶する。

——論文『UDデイ　ロサンゼルスに差し迫る立ち退きとホームレス状態』序文より、カリフォルニア大学ロサンゼルス校（UCLA）ラスキン不平等・民主主義研究所、二〇二〇年五月二八日ゲイリー・ブラーシと、グリフィス・パークにある彼の家の裏の坂道に立つ小屋の陰で会うとき、私は無地の青い医療用マスクをつけていた。ゲイリーのマスクは友人の手作りで、彼の家族の物語を表している。彼の両親はダストボウルのときオクラホマ州に住んでいたが、「貧し過ぎてオーキー〔ダストボウルで農地が被害を受けたためオクラホマ州からカリフォルニア州へ行った移民を指す侮蔑的な呼称〕にもなれなかった」。カリフォルニアへ行くには自動車が必要だが、彼らは持っていなかったのだ。大恐慌中のある年におけるゲイリーの家族の現金収入は総額七ドルだった。「生き残れた唯一の理由は、［祖父が］馬で小規模な農場をめぐる巡回牧師で、説教の礼としてニワトリをもらえたからだ」。のちに父親はカンザス州の町リベラルでブルーカラーの仕事につき、ゲイリーはそこで育った。彼の顔を覆うマスクにはオクラホマ州、カンザス州、ロサンゼルスを表すイメージが描かれている。「だから、このマスクには私の人生のすべてがある」

ゲイリーはＵＣＬＡのロースクールの名誉教授で、公益法の権威である。労働者階級の救済に情熱を注ぎ、一カ月かけてデータを分析してＵＤデイのレポートを書き上げた背景には、彼のたどってきた人生があるのかもしれない。このレポートは、アメリカにおいてかつてないスケールで難民キャンプが続々と誕生することを予言している。二週間前に発表されたレポートは、確かなデータに基づいていないなら煽情的と思われそうな恐ろしい数字にあふれている。解雇され、失業手当を（もらったとしても）使いきって家賃を払えなくなり、住まいを立ち退

ゲイリー・ブラーシ

かされる労働者についての数字である。やがて〝UDデイ〟が訪れる。カリフォルニア州司法委員会が四月に決定した債務の一時支払い猶予が停止されたあと住居の〝不法占有(unlawful detainer)〟の訴えが続々と起こされ、人々が家から強制的に追い出されるのだ。支払い凍結はいつ解除されてもおかしくないし、ゲイリーは猶予措置が今年じゅうに停止されると予測している。最悪の場合、『今後数カ月で、ロサンゼルス郡で一八万四〇〇〇人の子どもを含む一二万世帯が少なくとも当分のあいだホームレスになる可能性がある』とレポートは推測する。最も少ない場合でも『五万六〇〇〇人の子どもを含む三万六〇〇〇世帯のホームレスが増える』。つまり一〇万人から四〇万人近くという範囲であり、そのうち一部は既にカリフォルニアのスネーク・ピットに向かった。ロサンゼルス郡の住居の五四・二パーセントは賃貸で、その割合は「全米の大都市圏で二番目に高い」。一番目はニューヨーク・シティだ。だがアメリカ合衆国住宅都市開発省の統計によると、ニューヨークで保護施設に入っていないホームレスがたったの五パーセントなのに対して、ロサンゼルスでは七五パーセントにもなる。ニューヨークは保護を保証している。ロサンゼルスはしていない。

住宅費が高騰しているカリフォルニア州は、特に大きな打撃を受けるだろう。前述の擁護者団体の白書によると、四一〇万~五四〇万の住人が立ち退きの危機にさらされている。それに続くのは、二八〇万~三三〇万のニューヨーク、二六〇万~三八〇万のテキサス、一九〇万~

二五〇万のフロリダの各州だ。

ゲイリーは、アメリカ合衆国労働省統計局、国勢調査、ロサンゼルス・ホームレス支援機構など種々の情報源を利用し、データを処理する際には非常に控えめな見積もりを行ったと言う。『このため、迫り来る立ち退きとホームレスの波の規模についての推計は実際より低い可能性がある』と彼はレポートに書いた。五月初旬現在、ロサンゼルス郡の失業者五九万九〇〇〇人ほどが、失業保険などの収入の手段を失っていた。それには、議会を通った措置を受けられない不法入国者も含まれている。『こうした無収入の失業者のうち四四万九〇〇〇人ほどは、約三六万五〇〇〇軒の賃貸住宅に住んでおり、全米の都市圏の中でも二番目に高い家賃に長らく苦しんできた』ゲイリーはそう書き、『立ち退きの危機に直面した人々は、低所得の有色人種が多く住む地域や地区に集まるだろう』と付け加えた。

レポートにはもっと多くのデータがあるが、ここに挙げた数字だけでもその規模の大きさはわかるだろう。レポートは、莫大な人数がホームレスになるのを防ぐため地方自治体、州政府、連邦政府は何をするのかとの疑問を呈している。『最後の手段は、テントで暮らす人々を集めた政府運営の大規模キャンプだ。いわば、戦争や自然災害ではなく歴史的な規模の経済的・政治的災害によって家を失った人々を収容する難民キャンプである』

ＵＤデイが訪れるのは、司法委員会が立ち退き禁止措置を解除したときだ。「その措置だけが、立ち退きの洪水を押しとどめている。要するにダムだ。そのダムは、いずれ一気に決壊する」

ゲイリーがこの話をしてくれたのは、彼の亡き妻キットがTハウスと名づけた小屋の中だった（「すべては、私たちが日本の茶室をおおいに気に入り、私が伝統的な茶室のデザインに関する公開講座を受けたことから始まった」）。小屋は、世界じゅうから集めた植物相の庭園に囲まれていた。このような庭園は、ここ南カリフォルニアでしか見られないだろう。カナリーヤシ、タビビトノキ、イロハモミジ、シャクナゲ、リョクチク、ダイフクチク、ユッカ、リュウゼツラン、エンピツビャクシン、アフリカアイリス、マオラン。静かな環境は、今後起こることについて私たちが論じている内容とは対照的だった。ゲイリーはこれから起こることをマグニチュード八・〇の地震にたとえた。

「難民キャンプはすぐに設営できる。アメリカ合衆国連邦緊急事態管理庁（ＦＥＭＡ）は災害級の住宅事情にしっかり備えている。だってほら、災害後は彼らの出番だろう？　今度のは、とてつもない大災害だ。人の住まいを奪うということに関しては、普通の災害よりずっとひどい」

ゲイリーがホームレス問題にかかわるようになったのは、ロサンゼルスでホームレスが爆発的に増えた一九八三年、最初のホームレスの大波がサクラメントを襲ったのと同じ年だった。ロサンゼルス法的援助財団（ＬＡＦＬＡ）で何百という立ち退き訴訟の弁護士を務め、ＬＡＦＬＡの立ち退き防止センターを仲間と共同で設立した。収入の伸びに追いつかないほど家賃が高騰して状況が年々悪化するのを、彼は目の当たりにしてきた。連邦住宅金融抵当公庫によると、ロサンゼルスは住民の収入の中間値に対する家賃の比率が全米で三番目に高い都市だという。家賃の支払い能力が失われるのに伴ってホームレスは増加した。

「この事業で最も重要なのは、市や郡を説得して、この途方もない増加に備えることだと思う。ここ何年かの小規模な増加ではなく」ゲイリーはパンデミック以前の住宅危機を引き合いに出して言った。「これは量的変化じゃない。質的変化だ。〝ひどい〟から〝壊滅的〟になっている」

カリフォルニア州上院では総額一〇〇億ドルの計画が提案された。それによると、賃借人は二〇二四年から二〇三四年までのあいだ、家賃を払い、税金の還付を受ける。地主は猶予した家賃に相当する額の減税措置を受ける。「このSB一四一〇は基本的には地主救済法案だ」ゲイリーは言う。この法案が通るかどうかは不確かだった。「ロサンゼルスの賃借人救済活動家たちはAB一四三六に注力している。緊急事態期間中の家賃不払いに対する立ち退きを全面的に停止し、立ち退きを避けられるよう滞納家賃を支払うのに賃借人に一年間の猶予を与え、さらに、ここが重要なんだが、賃借人が立ち退き通告に応じるのに五日間でなく三〇日間を与えるという法案だ」

しかし、仕事がない人間はそもそも滞納家賃を払えないので、こういう法案は彼らにとって意味がない。問題は、どれだけの仕事がどれだけの期間失われるか、ということだ。元の仕事に戻れない場合もあるだろうし、以前と同じ仕事をしても賃金は低くなるかもしれない。「カスカード効果［あることが次々と連鎖的に出来事を引き起こしていく現象］が現れるだろう」ゲイリーは、月二〇〇〇〜三〇〇〇ドルの家賃を払えなくなる人々についてそう言った。彼らはもっと安い賃貸住宅を探し、その結果もともと安い家賃しか払えない人間が排除される。「自分たちより豊かな人間に取って代わられる。押し出されるということだ。底辺からさらに押し出されるんだよ」

連邦政府、大統領、議会がその気になれば、この問題は国レベルで解決することができる、とゲイリーは言った。ウォール・ストリートやヘッジファンドには何兆ドルもが集まっている。「単に、やる気とカネの問題だよ。いや、カネは問題じゃない、連邦政府はどんどんカネを作っているから。やつらは、必要なだけのカネを刷ると言っている。だけど、カネを刷れば刷るほど株式相場は上昇する」

私はゲイリーに、スマートフォンに保存した落書きの写真を見せた。彼は、その日の朝発表されたロサンゼルス・ホームレス支援機構による二〇二〇年ロサンゼルス大都市圏ホームレス総計を引用した。

「今日発表されたホームレス総計によると、黒人がホームレスになる割合は白人の四倍だそうだ。それは間違っている。実際は一一倍だ。正しい測定基準、〝オッズ比〟というものを使っていないからだよ。ロサンゼルス郡で任意の白人を一人選んだ場合、その人物がホームレスに

なる確率は四五七分の一だ。黒人の場合は四四分の一。博士号を持っていなくても理由はわかるだろう。〝生まれたときからドン底〟というのは、アメリカに住むとてつもない数の黒人にとって、まさに実体験に基づいた人生だよ――母親の腹の中にいるときから、死ぬまでずっとね。人の身にはいろんなことが起こる。それはランダムみたいだが、本当はランダムじゃない。あらゆる点で、ある人々には不利なことが起こり、ある人々には有利なことが起こる。不公平なんだ」

追記

カリフォルニア司法委員会は九月一日付で家賃猶予措置を停止した。ゲイリーは電話で、ロサンゼルスでは「このままだとアメリカ合衆国の一地域において史上最大規模の強制退去が発生するだろう」と言った。彼はすぐさま行動を起こし、法律扶助専門弁護士、賃借人組織幹事、ソフトウェア技術者、〈デット・コレクティブ〉の共同創設者二人と手を組んだ。〈デット・コレクティブ〉は、営利目的の大学に対する主張を掲げてアメリカ合衆国教育省に押し寄せたり債務返済拒否運動を起こしたりして学生ローンの帳消しを求めたウォール・ストリート占拠運動にもかかわった、金融活動家たちのグループである。ゲイリーたちのチームは、法が定めた五日以内に賃借人がオンラインで答弁書を提出できるようにするウェブサイトを作った。また、賃借人が手続きを行うのを助けるボランティアを募り、無料で彼らの代理となってくれる弁護士を集めた。「もう一つやるつもりなのは、陪審裁判の要求だ。陪審なしだと、ほとんどの場合賃借人は負ける。陪審裁判の準備には時間がかかるから、賃借人に裁判の準備を整える余裕ができる」。ロサンゼルスでは、新型コロナウィルスのため少なくとも二〇二一年一月まで陪審裁判は中止となっている。私がゲイリーと話したあと間もなく、州議会で多くの法案が廃案になる中で、猶予措置を二〇二一年初頭まで延長する法案だけは成立した。トランプ政権と疾病対策センター（CDC）は、年収九万九〇〇〇ドル以下の人に対する二〇二一年一月一日までの立ち退き猶予措置を制定した。ただしこれは解決策とは言えず、危機を先送りしているにすぎない。

希望のシャワー（シャワー・オブ・ホープ）

その駐車場は、幅広の黒い門と背の高い赤煉瓦の壁の後ろに隠れていた。壁の上に張りめぐらされた有刺鉄線が投光照明を反射して光っている。近くの金融街にそびえ立つ超高層ビルは、フィリップ・Ｋ・ディック、ウィリアム・ゴールディング、フランク・ハーバート、マーガレット・アトウッドといったＳＦ作家の才能を結集させて作った映画のような、ディストピア的な背景を見せている。西海岸で最も高い三三五メートルのウィルシャー・グランド・タワーの上には、青緑色のＬＥＤ照明に輝く帆のような尖塔が立っている。アジアの諸都市にある建物と比べても見劣りしないデザインだ、と評論家は称賛する。二〇一七年に完成した総費用一二億ドルのこのタワーは、〝ロサンゼルス、二〇二〇年〟と題した情景における一つの現実だ。もう一つの現実は、デスティネーション・ホープというプログラムが管理する、脇道にひっそりと位置するこの駐車場――車上生活を送る女性たちが一晩車を停める場所である。

アイダの小型ＳＵＶは天井まで持ち物で埋まっている。彼女は、自分にはドアダッシュの配達員という仕事があると言い、波乱万丈の物語を話してくれた――あらゆるホームレスに波乱万丈の物語がある。アイダは何年かのあいだ公営住宅入居待ちリストに登録していたが、なんらかの理由でリストのトップから転げ落ちたのだという。「今はまたリストのいちばん下。なんでそんなことになったんだろうね?」

アイダは寝るため後部座席に移った。デスティネーション・ホープは安全な駐車場を提供するプログラムで、この区域は女性専用だ。運営するのは非営利団体〈シャワー・オブ・ホープ〉。〈ローブス・アンド・フィッシュズ〉と同じく、貧困問題・労働問題に取り組む資金薄弱なNGO連合体の一員になっている。二〇〇〇年にこの団体を共同設立した最高責任者は、スリランカで生まれ育ったメル・ティレケラトネだ。二〇〇三年にロサンゼルスに来たとき、メルはスキッド・ロウにたむろするホームレスたちを見てショックを受けた。彼の祖国も裕福ではないが、これほどの貧困はなかったのだ。彼は駆り立てられるように、週に五日ホームレスに食事を提供するプログラムを始めた。二〇一六年、これは移動式シャワー設備一台を備えたシャワー・オブ・ホープというプログラムに発展し、現在は二〇箇所で毎月二〇〇〇回のシャワーを提供している。

私は駐車場の真ん中でメルに会った。彼は携帯電話で話していた。電話を切った彼は、パンデミックの勃発以来この安全な駐車場を利用して車で眠るホームレスは激減したと言った。郡の衛生局がサクラメントと同様にホームレスを移動させてはならないという命令を出したため、ホームレスの人々は警察に逮捕される心配なく仕事場の近くに車を停めて寝られるようになった。だから、この安全な駐車場まで来なくなったのだ。車で寝泊まりする多くの人に関して、雇用は問題ではない。たいていは仕事がある。問題は、住まいを借りられるだけのカネが得られないことだ。ワクチン接種が進んでアメリカがいわゆる集団免疫を獲得しても、危機は終わらないだろう。ある意味、それは始まりにすぎない。メルは、彼の運営するシャワーや駐車場に新参者が流入することを予想している。

「ゲイリー・ブラーシ教授のレポートからわかるのは、いずれホームレスが大量に流れ込んでくるということだけだ」メルは言った。彼はUCLAの研究を発表直後に読んでいた。「ロサンゼルス郡、いや郡だけじゃなく州全体、国全体が考えなくちゃならない。新たな住宅供給を最大限に加速させるにはどうすればいいのかを」

私たちが話しているとき、銃声のような爆発音が響いた。すぐ近くだ。発砲、それとも花火か？　メルはぴくりともしなかった。「今まで何年も仕事をしてきた大量の労働者が、大量に仕事を失って急にホームレスになる。僕たちに何ができる？　その一、彼らを住宅に押し込める。その二、本当にホームレス問題を解決したいなら、そういう人たちに再び職を提供するにはどうすべきかを考える必要がある。だろ？　コロナ後には、そういう大きな問題が待っている」。彼が言っているのは、直近の危機だけでなく、今から半年後、一年後のことだった。メルには恒久的な失業状態についてのドミノ理論があった。

「たいていの会社は在宅勤務に切り替えている」。つまり、オフィスビルに人がいなくなる。多くの会社が、広いスペースを賃借しないことでカネが節約できると気づく。「一〇〇人を在宅勤務にしたら、清掃員五人が不要になる。社員食堂を維持するスタッフが三、四人減らせる。警備員も二人いらなくなる。私たちはほかの仕事がなくなることについても話し合った。永久に。その結果どうなるかというと、多くの仕事が失われるんだ」。たとえば、そうしたオフィスビル近辺で廃業する小規模なレストランやエスプレッソの売店での仕事である。

さらなる懸念は、ウォール・ストリートの投資家が襲いかかって抵当流れになった家を買い漁ることだ。「大企業がやってきてそんな家を買い占めて賃貸に出すのを、どうしたら防げる?」

地方自治体や州や連邦政府の役人が長年無視してきた政策問題は数多くある。「これから住宅をどう供給していくつもりだ? 今でも既に住宅はとんでもなく不足していて、価格が高騰する住宅バブルが起きている。だったら、コロナ後はどう考えたらいい? 抵当流れの不動産がどっと増えたらどうする? その人たちが家を失うのを防ぐ手立てはあるのか?」

だが、〈シャワー・オブ・ホープ〉が彼らを助けているのでは?

「正直言って、移動式シャワーや安全な駐車場といったプログラムは、ホームレス問題を解決しているわけじゃない。我々が、特にこのコロナの時代にしているのは、健康を保つために必要不可欠な手段を供給することだ。しかし実際のところ、安全な駐車場やシャワーはホームレス問題の恒久的な解決策じゃない。我々は、基本的には、ホームレスの人々のトラウマを軽減するのを手助けする管理システムにすぎない」

　私はメルに砂漠で撮った写真を見せた。

「ホームレスへの住宅供給でいちばん大変なことはなんだと思う？　彼らがあきらめているということだ。そうさ。だけど、いいこともある。僕たちはこのプログラムを希望のシャワー（シャワー・オブ・ホープ）と呼んでいる。そう呼ぶ理由はただ一つ、人はシャワーを浴びているとき最高に気分がいいからだ。シャワーを浴びると自分自身が現れる、これが心の不思議なところなんだ。ほら、しばらく髭を剃らなかった人間が髭を剃ってシャワーを浴びたら、昔はどうだったかを思い出すだろう。昔がよかった人にとっては、それは素晴らしいことだ。ところが、生まれたときからドン底だったら、何に希望を持てる？　今、希望があるとしたら、それは社会全体にはびこる人種差別主義に気づいた人の存在だ。彼らは進んで、それを打破するために戦おうとしている。社会を改善するためなら、建物だって壊すだろう。この国ではそういうことが起こっているんだと思う。たぶん、今。さっきサンセット大通りを歩いていたら、ブラック・ライブズ・マター（BLM）運動の人が大勢集まっていた。いろんな人種が交じっていた。こういう動きは本当に興味深い。感心したよ。世の中は昔とは違う。僕も以前はよく抗議活動に生まれて初めて参加したような人たちが、たくさんいた」

彼は、着ているものに基づいて白人を逆レイシャルプロファイリング［レイシャルプロファイリングとは、人種的偏見に基づいて人を不審者扱いする差別的行為］していたことを認めた。だがサンセット大通りでは、さまざまな人種が交じっているのを見た。「白人の最貧困層から最富裕層までいるように見えた」。そういう白人がアフリカ系アメリカ人などの有色人種と一緒にいるのを見て、メルは勇気づけられた。「彼らはジョージ・フロイドの受けた不当行為にうんざりして、『もうたくさんだ。システムは変わらなくちゃならない』と言っているんだ」

二〇一八年夏、私は知人のディレクターのところに一週間泊まり、リビングルームのカウチで寝た。彼の家はサンセット大通りから一ブロック離れたところ、シャトー・マーモント・ホテルのそばにある。近くにはかつて、ジェームズ・エイジー、オルダス・ハクスリーなどの著名作家が原稿を書くとき滞在したホテル、ガーデン・オブ・アラーがあった。私とディレクターは毎晩夜通し、映像化する『あてどのない旅』の脚本を作っていた。何年ものあいだに誰か、あるいはどこかのスタジオがこの本の映画化を企画し、ＨＢＯでは八年がかりで制作しようとしたこともあった。今回は六度目の試みになる。だがこのディレクターとの共同作業も、同じく実を結ばない運命にあった。ある夜、作業を中断してレストランへ夕食を取りに行った。帰り道、ウェストハリウッド大通りで、クリーム色と黄色の一九六六年型キャデラック・クーペ・ドゥビルの真後ろになった。キャデラックの前には、撮影スタッフを乗せ、クレーンに設置した撮影用カメラを積んだ平台型トラックが走っていた。キャデラックの中にはブラッド・ピットとレオナルド・ディカプリオがいた。クエンティン・タランティーノ監督『ワンス・アポン・ア・タイム・イン・ハリウッド』の一シーンの撮影中だったのだ。そのとき、私は三二年前のことを思い出した。ブラッド・ピットが運転しているのとほぼ同じ年式、一九六七年型フォード・ギャラクシー・５００に乗り、当時荒廃していたウェストハリウッドで、まさにこの道を走っていた。

一九八六年の秋、新聞社で働いていた私はカリフォルニアの飢えという企画の取材でサクラメントから南に向かい、車上生活を送る人間を一週間かけて探した。数日後、無料食堂でウェインに出会った。彼がよそ者なのはすぐにわかった。彼は食料を受け取り、私たちは話をした。一時間後、私は彼の一九六七年型フォードの助手席に座って、ハリウッド大通りを西に向かった。ダッシュボードにはこぶし大のロールパンが置かれている。赤信号で彼がブレーキを踏んだとき、パンは前に転がってフロントガラスにぶつかった。彼の視線はロールパンを越え、夜のハリウッドを歩く人々の顔をちかちかと照らすネオンの光に向かった。パンはあとで寝床に入ったとき食べるつもりだという。後部座席には彼の持ち物が置かれていた。透明なビニールで包んだスーツ二着、光沢ある黒のウィングチップの靴、そしてヒューストンの家に飾っていた絵。

ウェインは孤独だった。彼は喜んで自分が寝る場所を案内してくれた。警官を避けるため、毎晩違った道路で眠り、決まった場所を順にめぐっている。

彼のことを書いた記事はまだ箱にしまってある。紙は黄ばんでいるが、これを書いてから三四年が経ったと見抜くのは難しいだろう。『彼の物語は新しいホームレスに典型的なものだ。彼はずっと働いていた。テキサスでの仕事は〝ホットショット〟、石油精製に絶対必要な部品を運ぶ仕事だ。徹夜で二日間続けて働くこともよくあった。しかし不況が石油業界を襲った。彼は仕事とアパートを失ってここへ来たが、仕事を探すあいだ部屋を借りられるだけのカネはあると思っていた』

「だってヒューストンじゃ、二五〇ドルでアパートが借りられるんだぜ」ウェインは話した。「いい部屋をね。ここで借りた部屋は、ネズミの穴よりひどいとこだった。そんなとこに八五〇ドル、プラス二カ月分の家賃を要求されたんだ」

『彼の過ちは、もっと早く、もっとカネがあるうちにこの地を離れなかったことだ。それ以外は何も間違ったことをしていない。新聞から切り抜いた何十もの求人広告がダッシュボードに積まれている。日課を決めて行動している。ロサンゼルスに来た当初はウィークリーホテルに泊まっていたが、やがてカネが心細くなった。秋には車で寝泊まりするようになっていた。今、残りのカネは七ドルだ』

「毎週、『あと一センチだって落ちるもんか』と言う。だけど実際には？　次の週にはまた一センチ落ちている」

『彼の朝はたいてい、サンタモニカの無料食堂で一日のメインの食事をするところから始まる――脂ぎったスープだ。最初の数カ月は、無料食堂で食べるのを拒んでいた』

「もっと早く食堂へ行けばよかったと思う。自分がこんな生活をしてるって認めるのは難しいんだ、特に中流階級の人間なら……。住む場所以上に求めてるのは、自分で食料を手に入れられることだ。昼にもらったサンドイッチを次の日の朝食用に置いておくなんて、まともな生活じゃない。このパン、皮がかちかちに硬いやつだって、真夜中に胃が痛くなるほどひもじいときには、ごちそうなんだよ」

別の日、私はウェインに会い、職探しをする彼について歩いた。彼が本当に努力しているかどうか確かめたいという気持ちもあった。それに、彼がどんな扱いを受けているのか見てみたかった。紙面に、彼がその日応募したすべての場所について書くだけのスペースはなかった――彼は七、八箇所を回っていた。ウェインがファーストフードレストランのマネージャーと

になるかもしれない」

れる望みはなくなるだろう。彼はほかの車からガソリンを抜き取ると身がすくむ。だが、方法はそれしかないかもしれない』

延びようとしてるだけなんだ」

近くの小道まで私を連れていった。今や彼は完全に破産しており、いない。

な場所だよ。人に見られて警察を呼ばれたくない。僕は目立たなを剃って清潔にしてる。自分を浮浪者だとは思わない。ずっとカネた。昔はね。でも、これが今の現実だ」

飢えに関する別の取材をするためセントラルバレーに向かった。戻った。一晩かけて、ウェインが教えてくれたお気に入りの場所六ォード・ギャラクシー・５００を見つけて窓をノックした。ウェイ皿を売ったと言った。彼が何かを取り出すためトランクを開けたとランクにはガソリンが入っていた。

に入れたのか、彼は言おうとしなかった』

を紹介しているのには、三つの理由がある。その一、長年かけて何

話しているときは、客の列に並んでいるふりをした。ウェインは頭が
だったし、身だしなみもきちんとしていた。
『ウェインはデトロイト製の車を運転して職探しに出る。デリカテ
集〟の貼り紙をそっと見る』
「ほら、あれを見てくれ。ああいう場所で働きたいんだ。小さな店。
できる」
『オーナーが求めているのはパートタイムのウェイトレスだと判明す
「この二週間で、八つか一〇くらいのファーストフードレストランに
事に四三歳の人間を雇ってはくれない。僕は髪の毛が薄くなり、白髪
ん望み薄になっていく。いったい誰が雇ってくれるんだ?」
『年齢差別以上に深刻なのは住所不定であることだ。採用確実だった
施設であることを雇い主に知られて断られたことが二度あるという。
差別されるのである』
「信じてもらえないかもしれないけど、この一九年ものの引っかき傷
ロは天の恵みなんだよ」ウェインは長い沈黙のあと口を開いた。「走
キロ。雨からも、寒さからも、強盗からも守ってくれる。これを手放

百人ものウェインのような人生にどっぷり浸かったために、私にはかなりのＰＴＳＤがある。ルディとクリスティーナの電話番号を訊いて数日一緒に過ごし、彼らが車上生活を送ってリサイクル容器を漁る様子を記録するのに必要なだけの気力が、私にはもう残っていなかった。その二、物語は変わらない。変わるのは時代だけだ。ウェインが生き延びるための苦労は、パンデミックでホームレスになり車上生活を送るようになった人たちの苦労とこれっぽっちも違わない。その三、もう一つ不変な要素がある。権力の座にある者に、一九八〇年代のウェインたちや二〇二〇年代のルディたちやクリスティーナたちのために真剣に社会を変えようとする力が欠けていることだ。彼らの物語は、安酒場のジュークボックスで繰り返し再生される同じ歌なのである。

私はメル・ティレケラトネと別れたあと、金融街の高層ビルの明かりをあとにして、夜のロサンゼルスの街なかに入っていった。サンタモニカに向かい、そのあとパシフィックコースト・ハイウェイを北上した。時刻は一一時過ぎ。多くの人がパシフィックコースト・ハイウェイ沿いで寝ているのは知っていた。確かに、マリブに向かっていると、太平洋から流れてくる霧に包まれた陸地の端で、自動車、バン、キャンピングカーが西側の路肩に並んで停まっていた。何十台もあったが、正確に数えるのは無理だった。私は車を停めて一台のキャンピングカーを

観察した。後ろには数台の乗用車が停まっている。どれも窓は日よけや布で遮断されている。誰かが中で暮らしているという確かな印だ。一台の車の外で人々がうろついている。私は道路を渡って彼らと話そうとはせず、走り去った。

第三部
ネバダ－アリゾナ

NEVADA-ARIZONA

アメリカに食料を（フィーディング・アメリカ）

アメリカ最大のフードバンクは、一九七九年に貸倉庫で産声をあげた。当時の名前は〈セカンド・ハーベスト〉。その年、〈セカンド・ハーベスト〉は一八〇〇トン近くの食料を供給した。私が一九八七年初頭に新聞記者として飢えをテーマとした大型企画に参加したときには、四万五〇〇〇トンだった。一九九〇年は二一万トン。二〇〇〇年には四五万トンを扱うようになっていた。それは、私が『ジョージ』誌に『このアメリカ人は飢えている』と題して飢えに直面する子どもたちについて一三ページの記事を書いた年だった。子ども五人に一人が不安定な生活を送っていた。

〈セカンド・ハーベスト〉の協力は、私の取材に欠かせないものだった。各地域のフードバンクも全国本部も、深刻さを増す一方の食料不安という問題を世間に広く知らせることに、熱心に力を貸してくれた。カリフォルニアの新聞社では、私は記者、カメラマン、編集者など三〇人のチームにおける主導的メンバー一二人のうちの一人だった。飢えについての数日間にわたるシリーズの取材には、六カ月を費やした。フォード・ギャラクシー・500に乗るウェインの記事も、そのシリーズの一環だった。のちにカリフォルニアが最低賃金を時給一ドル近く上げるとき、州議会は私たちの記事を引き合いに出した。こうしたプロジェクトにおいて私が〈セカンド・ハーベスト〉から受けた助力は、非営利団体と、人々の苦しみを和らげるとともに関心を高めて公益ジャーナリズムを推進するという使命との出合いの典型例である。

〈セカンド・ハーベスト〉は現在〈フィーディング・アメリカ〉と名前を変えている。『新型コロナウィルスによるパンデミックの影響で、二〇二〇年には五四〇〇万人以上が食料不安を抱えていると思われ、その中には一八〇〇万人の子どもが含まれている可能性がある』〈フィーディング・アメリカ〉のウェブサイトはそう訴える。現在〈フィーディング・アメリカ〉には二〇〇のフードバンクと六万の食料配給施設が参加している。危機以前でも、アメリカ人の七人に一人がこの組織から食料の供給を受けていた。そしてパンデミックが勃発した。四月には、〈フィーディング・アメリカ〉ネットワークに属するラスベガスの〈スリースクエア・フードバンク〉で食料配給所に六キロ半にも及ぶ車の列ができたというニュースが報じられた。

私が〈スリースクエア〉にメールを出したところ、ファーム・パブリックリレーションズ・アンド・マーケティング社の上級広報専門員K・C・カッペンから返信があった。ラスベガス商工会議所によると、これは『ヘルスケア、娯楽、旅行・観光、建築・開発を専門とする包括的サービス提供広報・マーケティング会社』である。要は広告代理店だ。カッペンは電話で話し合おうと言ってきた。

「記事を書きたいんですよね。きっとあなたは、何年間も記事を書いてきたんでしょう。あらかじめ言っておきますと、州の景気の悪さをフードバンクの状況が明瞭に示しているということで、この数週間ベガスにはマスコミの取材が殺到しています。だから、マスコミから次々といろんな要求が来るのは、もうたくさんなんですよ」

カッペンによると、このフードバンクはCNNやBBCに便宜を図ってきたが、多くの人が撮影班に怖気づき、隠れてしまったという。「そういう理由で、マスコミの取材は何度も断ってきたんです、わかってもらえますかね」

わからなかった。「撮影班は連れていかない。私一人だ」

「とにかく、これまで同じような取材の要請を四回断ってきたことを知っておいてほしいんです。私は組織の上まで話を通して、取材できるかどうか、組織がどんなふうに進めたいかを確かめておきます。あなたは現場に来て人と話したいんですよね。自分のカメラで撮影したい、と」

「カメラは持っていかない」

「カメラはなしで、インタビューだけ?」

「そうだ」

「じゃあ、メディアのみなさんに言っているんですが、ラリー［・スコット、〈スリースクエア〉COO］にインタビューしていただきます。そうしたら彼の見識をわかってもらえるでしょう。だけど、ほかの写真も渡してあげられます。以前に我々が撮った写真です。あの、事態がそれほどセンシティブじゃなかった頃に撮った――」

「写真に興味はないんだ」

一時間も経たないうちにメールが届いた。『組織は、現時点ではまだ食料配給所にマスコミが来るのを許可していない』という。

再度、過去の写真なら提供するとの申し出があった。私は断った。

フラッグスタッフのパラノイア

テクノロジーのおかげで、人との交流はより簡単になっています。テキストメッセージやEメールで直接的な交流と同じ効果は得られません。現在ではフェイスタイム、ズーム、スカイプなど多くのプラットフォームがあります。それらは、目で見て解釈することのできる顔の表情やボディランゲージを伝える、(中略)人間の基本的なツールです。こうしたプラットフォームをぜひ使ってみてください。二メートルという物理的な距離を保つ必要はあっても、人と人とのつながりは不可欠だからです。また、ピーチスプリングスに住む年配者の多くの家にはまだ固定電話があることを忘れないでください。電話があれば、声を通じてつながりを保つことができます。ぜひ、年配の方々の様子を確かめてください。安全でいましょう。元気でいましょう。規律を守りましょう。でも、つながっていましょう。このメッセージはワラパイ族教育健康局がお届けしました。

――アリゾナ州ピーチスプリングス、旧国道六六号線、ワラパイ族ローカルラジ

オ局KWLP100・9FMでの公共広告

一五品目すべて一ドル以下。（中略）六九セントから手に入るブリトー、ドリンク、デザートは、とにかく世界最高の価値があります。焼きたてチキンで作ったチキンクランチ・ブリトーや新製品スリーレイヤー・クエソ・ナチョスなど、最新の一ドル商品をお試しください。新しいデルタコ・ダラー・ディールズ・メニュー。最高に豊富なオプション、最高に新鮮なチョイスを、最低の価格で！

――アリゾナ州フラッグスタッフ、KMGN93・9FM、〈デルタコ〉の広告

これは食品棚からスナックを取っているところ。［静寂］これは〈デイリークイーン（DQ）〉二個四ドルのスーパースナックメニューからスナックを買っているところ。ワオワワオワオー！　組み合わせはご自由に。たとえば新商品レモネード・トゥイスティ・ミスティとチリドッグ。うまっ！　チーズバーガーとフライドポテト……やったー！　〈DQ〉の四ドルスーパースナックメニュー。スナック二種類を四ドルでどうぞ。〈DQ〉。ハッピーはおいしい。

―アリゾナ州フラッグスタッフ、KMGN93・9FM、〈DQ〉の広告

ソノラ砂漠北部を東へ横切ってアリゾナ州からコララド高原へと向かうとき、州間高速自動車道は避け、ラスベガスには寄らなかった。アリゾナ州キングマンで、数年前『ジャーナリスト、ホームレスに関する問い合わせ』という件名でメールをくれたジャーナリストに会えるかもしれないというわずかな可能性に賭けて、貧民救護所へ行ってみた。その男はメールで私が『あてどのない旅』を書いたことへの感謝を述べていた。彼は新聞社での仕事を失い、私がその本で書いた人々と同じような立場になっていたのだ。自転車で西へ向かった彼は、キングマンの救護所の受付で働くことになった。『僕は一文無しのホームレスの浮浪者です。大学の学位は三つ持っています。（中略）そんなわけで、僕は公立図書館のコンピューターの前に座って自分の経歴をタイプし、これからどうすればいいのかと考えています』。私は返事を出し、君何度かメールのやり取りをした。彼は最後のメールでこう書いた。『デール、ありがとう。君にはわからないくらい感謝してる。いや、きっとわかってるだろうね。ベガスにはさっさとおさらばするつもりだけど、スラム街や路地（罪深き都市（シン・シティ）［ラスベガスのこと］）における人種隔離地帯）を訪れて、見て歩きたいとは思ってる。ラスベガスの左翼系週刊誌『シティライフ』誌に書いた短い署名入り記事を送るよ。気に入ってもらえると思う。君のスケジュールはよくわかってる。君とは連絡を取りつづけたい。君は天からの賜りものだと思うから。アディオス、友よ。デイヴより』。そして彼は消えた。記事は送られてこず、連絡はまったくない。その後、私は彼の居所を突き止めようとしたけれど、成果はなかった。
キングマンの〈コーナーストーン・ミッション〉へ行ってみたが、受付の警備員は私を相手にしてくれなかった。車で走り去るとき一組の夫婦を追い抜かした。私はすぐにテープレコーダーのスイッチを入れ、ゆっくり走っていった。

二人はおそらく五〇代後半か六〇代初め。
男はミラー加工サングラスをかけている。
日に焼けた顔。むしろ火傷に近い。
白髪。
よれよれの帽子。
荷車には空き缶。
この地で必死に生き延びようとしている。
アリゾナ州キングマンで、空き缶はいくつ見つけられる?

私は旧六六号線を走りつづけながらカーラジオのダイヤルを回し、雑音交じりで途切れ途切れに聞こえる放送の音に耳を傾けた。やがてフラッグスタッフに到着。ネオンサインを掲げた古ぼけたモーテルが、道路の両側に立ち並んでいる。ほとんどのモーテルはさびれているが、部屋の前には最新型の車が何台も停まっていた。私は三歳くらいのとき、そういうモーテルに泊まったことがある。一九五九年、母を筆頭に六人の家族が、丸いフェンダーの古いシボレーにぎゅうぎゅう詰めになってカリフォルニアに向かったときだ。ひどい悪臭がしたので、私はモーテルに入るのをいやがった。今、こういうモーテルはどんなにおいがするのだろう。そう考えていたとき『ウェンディ・ロジャーズを上院議員に』という看板が目に入った。いちばん上には、けばけばしい赤色で

トランプ支持

と書かれていた。

ダウンタウンの市役所に近づいたとき、左側で二〇数名が『ブラック・ライブズ・マター』というプラカードを掲げて揺らしながら抗議デモを行っていた。シュプレヒコールをしている。通り過ぎる何台かの車がクラクションを鳴らした。私は市役所の裏に車を停め、レコーダーとノートを手に近づいていった。デモ隊にはさまざまな人種がいる。黒人、ラテン系、ネイティブ・アメリカン一人、白人数人。豊かな顎髭をたくわえた背の低い二〇歳くらいの若い白人が

駆けてきた。叫ぶように一語一語を口にする。

「どこでこのことを聞いた？　あっちへ行け！　おまえ、いったい何者だ！」

私は自分が何者かを説明しようとした。

「このデモを企画した人間から連絡を受けたのか？」

「いいや」

「だったら帰れ！」

「なあ、ここは公道だぞ」

私はネイティブ・アメリカンに話しかけた。彼はデモに参加した理由を話そうとした。

丸顔の白人女性が怒りで顔を真っ赤にして叫んだ。「ちょっとあんた！　ここにいちゃだめでしょ――」

私は自分が何者かを説明しようとしたが、白人女性は群衆に「この人マスコミじゃないわ！」と叫び、私をにらみつけた。「なんなの！　さっさと帰んなさいよ！」

背の高い白人男性が言った。「まあまあ、落ち着いて。いいじゃないか。この人は自分の仕事をしてるだけだ」

私は自分の仕事をしようとして、若いラテン系女性に話しかけた。さっきの赤ら顔の白人女性が後ろからやってきて私を指差し、声を限りに大声で嘘をついた。「こいつ、私を淫売と呼んで、地獄へ行けと言ったの！」

私は彼女をなんとも呼んでいなかったのだが。

「呼んだくせに！　私を淫売と呼んで、地獄へ行けと言ったんだから！」

「奥さん、僕は絶対に――」

「こいつ、騒ぎを起こそうとしてる！　今も私を罵って、また淫売と呼ぼうとした！　この野郎、さっさと帰んな！」

群衆のほとんどは彼女を信じ、「帰れ！　帰れ！　帰れ！」と合唱した。その場を去るとき、有色人種の数人が合唱に加わっていないのに気がついた。一人のラテン系女性は同情のまなざしでこちらを見ていた。

私はコーヒーを飲むため、旧六六号線の東の端にある〈スターバックス〉で車を停めた。列の後ろにはブロンドの母娘がいた。母親は真珠のネックレスをして、明るい黄色がかったオレンジ色のヒマワリがプリントされた黒いドレスを着ている。娘は白黒のランニング用ショートパンツをはき、新品のゆったりした白いTシャツを着ていた。シャツの前には赤い星五つの下にこう書かれていた。

トランプ

ペンス

アメリカを偉大なままに（Keep America Great）！

二〇二〇

もし新聞社で働いていたなら、偏った記事にならないよう彼らと話をしただろう。だが今は新聞社で働いていない。今日はもう充分多くの感嘆符に出合っていた。

コロラド高原

私は国道一六〇号線を走り、ナバホ・ネーション［アリゾナ州北東部・ユタ州南東部・ニューメキシコ州北西部にまたがる先住民ナバホ族の居留地］の赤岩の砂漠を横断した。左手にナバホ山がちらりと見える。高さ三一六六メートル、コロラド高原にそびえるドーム型の独立峰。ディネと自称するナバホ族の人々は、この聖なる山をナーツィスと呼ぶ。〝地球の頭〟という意味だ。私が初めてネイティブ・アメリカンの人々に会ったのは、西側の山腹だった。

それは一九七六年、私は一九歳だった。一カ月半のあいだ、自分探しの旅に出ていた。バックパックをかついでユタ州のグリーン川とコロラド川の合流地点から出発し、グランドキャニオン目指して西に向かった。南北方向に伸びる何百もの渓谷は、まるでつるつるした岩に入った切れ目のようだ。私はその切れ目と垂直に、東西方向に移動した。歩きもしたが、ロープを使って岩のぼりや懸垂下降もした。時間のかかる困難な旅だった。五月には体重は五二キロまで落ち、腹は減り、グランドキャニオンまで歩き通すという計画は中止した。船に便乗させて

もらって、グレンキャニオンとコロラド川に水を供給する人工湖のパウエル湖を渡った。そしてでこぼこしたレインボー・トレイルを歩いて南に向かった。これは、作家ゼイン・グレイが一九一三年に馬で旅し、のちにその経験をもとに同名の小説を書いたことで有名になった道である。私は垂直に近い急斜面をのぼる果てしないつづら折りまでやってきた。半ばまで来たとき、はるか下でガラガラという音が聞こえた。一二、三歳くらいのナバホ族の少年が、皺だらけの顔の老人の前を歩いている。彼らは馬を引いて坂道をのぼっていた。

　弱りきっていた私は、つづら折りの頂点のずっと前で彼らに追いつかれた。片側は岩壁、反対側は急峻な崖という道で、よける場所はない。二人はナバホ語で話していた。彼らを見る限り、今が一八七六年ではなく一九七六年であることを示すものは何もなかった。私は以前、ナバホ族の人々が特定の季節にだけ暮らす渓谷で、ビャクシンの枝で作ったナバホ族独特の住居ホーガンのそばを通ったことがあった。少年は私に駆け寄り、この馬は一冬を渓谷で過ごしていて、私を見たら怯えて暴れるかもしれないから隠れてください、と言った。私は岩と岩のあいだに荷物を押し込み、割れ目に体をねじ込んだ。あまりうまく隠れた気はしなかったが、それが精いっぱいだった。老人と少年が馬を引いて通り過ぎるあいだ、私は息を殺していた。急カーブを二度折れ曲がると、老人は道の端まで来て笑顔でこちらを見下ろした。ナバホ語で何か言って手を振る。私に感謝しているらしい。けれど私はバカみたいな気分だった。

私がいつもネイティブ・アメリカンの居留地では場違いに感じてしまい、ネイティブ・アメリカンの問題を報じようとしなかったのは、おそらくその出来事のせいなのだろう。ジャーナリストになった今も、一九歳であの山にのぼったときと同じくらい場違いに感じている。ネイティブ・アメリカンについて書いたのは三度だけ。そのうち二度は、新聞社で遊軍記者だった頃、デービス市の西に位置するデガナウィダケツァルコアトル大学（D-QU）について記事を書くようデスクから命じられたときだった。D-QUは先住民やメキシコ系アメリカ人の学生を対象に、伝統的な信念や価値観を守るという考えに基づいて代替教育を行っている。大学は、元アメリカ軍施設の広さ二・六平方キロメートルの敷地にある。政府が大学を接収するという噂があったため、私はある朝取材に出かけたが、結局接収は実現しなかった。その危険は『七二時間の祈りの集いのため支持者が集結した部屋を満たす、儀式の火の燻煙のごとく消散した』、と私は一九八二年一〇月二六日付の記事で書いた。政府は立ち退き期限を設定したが、それは長々と続く法廷闘争へと発展した。D－QUは保守派に敵意を抱かれていた。大学の総長が〈アメリカインディアン運動（AIM）〉共同創始者のデニス・バンクスだったからだ。バンクスは一九六九年から一九七一年にかけてのアルカトラズ島占拠事件に関与していた。バンクスを含むAIMのリーダーたちは、サウスダコタ州ウンデッド・ニーの武装占拠事件を起こした。七一日間に及ぶ占拠中、軍の高官一人が銃撃され、ネイティブ・アメリカン二人が殺された。カリフォルニア州知事ジェリー・ブラウンはバンクスを赦免し、ウンデッド・ニー関与の罪に対する裁判のため彼をサウスダコタ州に移送することを拒んだ。

バンクスは寡黙な男だった。少なくとも私が報じた記者会見の日はそうだった。彼が遠くを見るまなざしで机の前に座っていたのを覚えている。彼は消耗しきっているようだった。彼の発言で私が記録に残しているのは一つだけ。「たとえ彼らが予想外の動きをしたとしても、私は驚かないだろう。とはいえ、法的には現在彼らが我々を動かす権利はない」。ブラウンのあと共和党系の知事が誕生すると、バンクスはカリフォルニアからの逃走を余儀なくされた。最

COVID19
DO FIVE RULE
1.WASH HANDS
2.SOCIALDISTANC
3.COVER UP COUGH
4.DON'T SNEEZE ON PEOPLE
5.STAY AT HOME IF U HAVE TO
SAVE OUR PEOPLE STAY HOME
HOME

終的には自ら出頭し、一八カ月を刑務所で過ごした。二〇一七年、バンクスは八〇歳で老衰により死去した。〈ＡＩＭ〉は歳月とともに縮小していった。ネイティブ・アメリカンの経済的苦境は変わらなかった。

面積七〇万平方キロメートルのナバホ・ネーションは国内最大の居留地である。人口は一八万、世帯収入の中央値は二万ドル。四三パーセントの人々が、連邦政府の定める貧困水準以下で暮らしている。新型コロナウィルスにより彼らが深刻な打撃を受けるのは必然だった。流行のきっかけは、居留地でのキリスト教信仰復興集会で誰かが感染したことだと言われている。それは三月初旬のことで、感染は急速に広がった。私が六月に通ったとき、そこは全米五〇州の中で人口当たりの感染者の比率が最も高い地域になっていた。四〇パーセントほどの世帯には水道がなく、それが危険をいっそう大きくしていた。

私は、ナバホ・ネーションの孤立した地域に水を届けている組織や、何人かの活動家に連絡をした。誰からも返事はなかった。さらに何度もメールを出したり電話をかけたりしなかったことを白状しておく。私の一部分は、あの場違いな一九歳のように感じていたのだ。公の場で何かをしている人と話す機会があれば、距離を取ってマスク越しに話をするつもりだった。ところが、住民が道路脇で工芸品を売る屋台はすべて無人だった。普段多くの人が路上に出ているツバシティに歩行者はいない。週末の外出禁止令が出ていて、人々は家にとどまるように言われていた。外出の必要があるときはマスクをせねばならない。私には、家々のドアをノックして回る気はなかった。家から出るな、用心しろと警告する看板が、至るところに置かれていた。

私はユタ州モアブで一晩を過ごした。デンバーへ行く途中、コロラド州グランドジャンクションに立ち寄り、昔貧民街があったところに向かった。一九八二年、私とマイケルはケン・ギブソンとともに有蓋貨車でこの街に来た。ケンは失業中の建設労働者だった。ケンが列車に乗るのはこれが初めてだった。私たちは夜通し待って、デンバー・アンド・リオグランデ・ウェスタン鉄道の穀物輸送車に飛び乗った。私たちはケンについてデンバーまで行き、彼が職探しをする様子を記録した。その後ケンはテキサスなら仕事があるかもしれないと聞きつけ、列車に乗った。私は困難にぶち当たった人々に数多く会ってきたが、ケンはその中で最も悲しげな顔をしていた。ロッキー山脈を貫くモファット・トンネルを列車が通るときにマイケルが撮った写真では、ケンはまるで怯えた子どものように見えた。

デンバー・アンド・リオグランデ・ウェスタン鉄道はその後合併して消滅した。現在この路線を走るのはユニオン・パシフィック鉄道だ。私たちが一九八二年に雑魚寝した操車場北側のざらざらした砂地に、浮浪者の気配はまったくない。焚き火の跡もなければゴミもない。ここに停まる列車はもうあまり多くないのかもしれないし、操車場が暑いのかもしれない。あるいは、最近は浮浪者が少なくなったのだろうか。何年か前、私はケン・ギブソンを見つけようとした。しかし、私たちが記録した人々の多くはありふれた名前だった。まるで幽霊を追いかけているかのようで、結局彼は見つからなかった。彼はうまく仕事にありついたのだろうか。ありつけなかった人は多い。

第四部
デンバー

DENVER

愛の苦悩（ストラグル・オブ・ラブ）

ジョエル・ホッジは学校の裏にある駐車場で待っていた。彼は右目を失っているが、私と肘タッチで挨拶するとき左目は明るく輝き、歓迎の意を示していた。〈スリースクエア〉と違って、彼に広告代理店がついていないのは間違いない。電話で話したとき、ジョエルはその朝何時でもいいから移動配給所に来るようにと言ってくれた。配給所はラテン系と黒人が人口の九〇パーセントを占める地域にある。住民の大部分は貧困生活を送る移民だ。ジョエルは、デンバー北西部のモントベロ地区で食料配給を行う団体〈ストラグル・オブ・ラブ〉の共同設立者である。ウィルス感染の危険を減らすため、ラスベガスやその他の場所で多くのフードバンクが取り入れているのと同じドライブイン形式を採用している。

〈ストラグル・オブ・ラブ〉の第一の使命は、教育やスポーツなどのプログラムを通じて危機的状況にある若者を助けることだ。食料配給はこの団体の活動の一端だった。そこへパンデミックが起こった。二〇二〇年三月半ば以前には、年配者を中心に一五〇～二五〇人ほどの市民が毎週食料を受け取っていた。「それが週に二五〇〇人にまで跳ね上がった」ジョエルは言う。配る食料を増やしはしたが、たいていは途中で足りなくなった。

一一時の配給時刻までかなり時間があったので、ジョエルは現場を案内してくれた。ラズベリーやレタスなど新鮮な農産物の箱が、駐車場の日よけの下に高さ二メートル半まで積み上げられている。冷凍庫には凍らせた牛や豚のひき肉。学校の中では、透明なビニール袋に入った食パンやロールパンが、廊下に並んだテーブルに積まれていた。学校はウィルスのため休校中で、食堂のテーブルには缶詰や箱入りの食料が置いてある。案内しながら、ジョエルはぽつりぽつりと自分の身の上話をしてくれた。彼はシカゴのサウスサイドの第六三ストリートとサウス・ワバッシュ・アベニューの角にある公営住宅で育った。「八歳から一〇歳まで、母の恋人だったチンピラに虐待されたよ」。シカゴ最大のストリートギャングである〈ギャングスター・ディサイプルズ〉は、宿敵の〈ブラック・ディサイプルズ〉と対立していた。一八歳の誕生日の前月、ジョエルは争いに巻き込まれた。「最初は野球のバットで殴られた。やつらは俺を倒したあと三発撃ってきた」。銃弾二発は背中に、一発は頭に当たった——そうして片方の目を失ったのだ。やがてジョエルはコロラド州で刑務所に入った。二〇〇一年に出所したときは帰る家がなかった。その後間もなく、彼は妻ラケシアとともに〈ストラグル・オブ・ラブ〉を設立した。

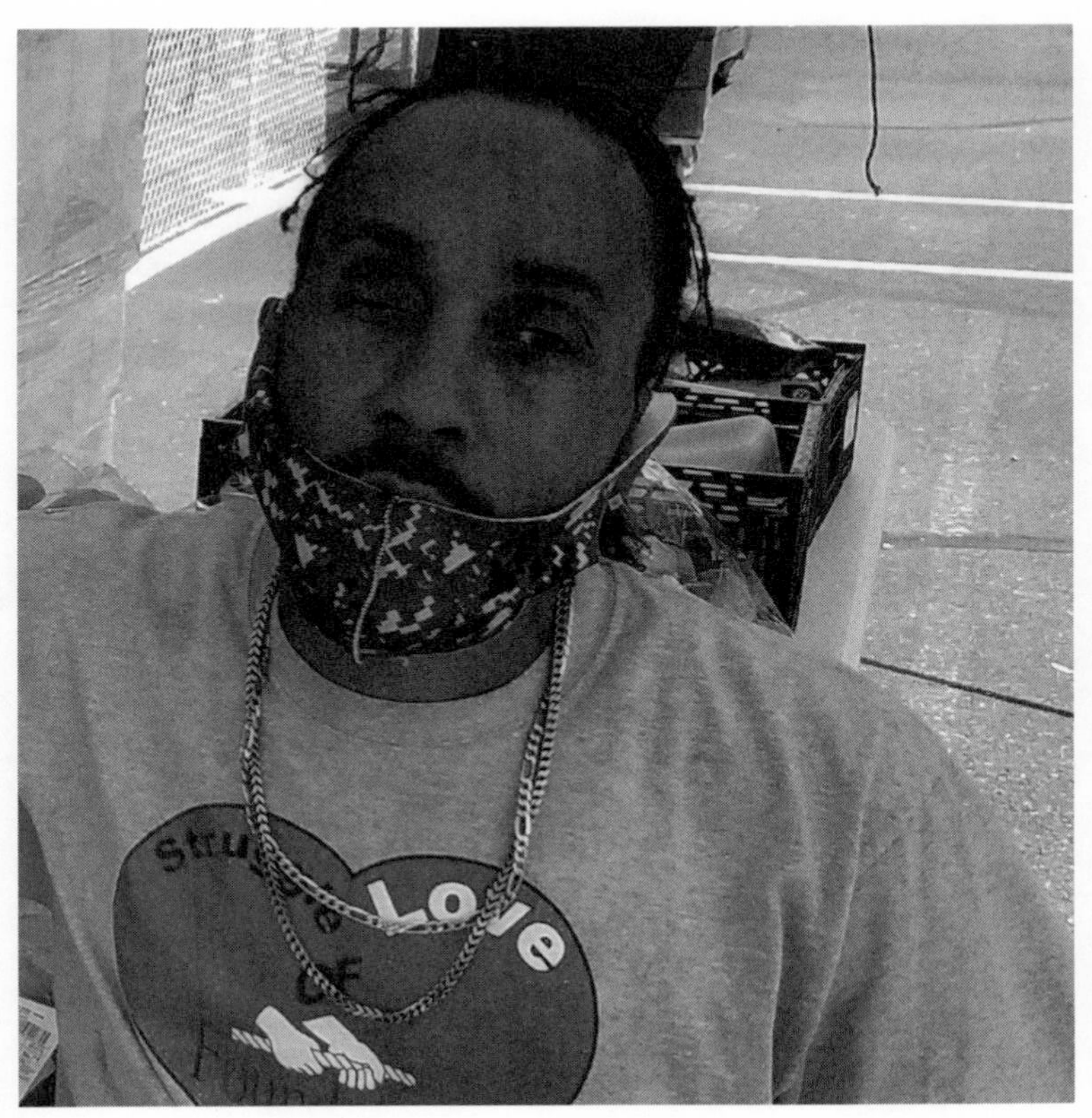

ジョエル・ホッジ

FRESH

一一時を過ぎると続々と自動車がやってきた。一台は白人が運転するユーコンXLで、小売価格は五万三四〇〇ドル。その後数時間で見た車の四分の一から三分の一ほどは白人が運転していたようだ。彼らのほとんどは施しの食料を受け取るのが居心地悪そうだったので、単に無料の食べ物欲しさに貧乏を装ってやってきたわけではないようだ。彼らの表情は陰鬱だった。ほとんどは話をしたがらなかった。一人の白人女性はぼそぼそと「クビになったの」と言ってうつむいた。別の女性は、「うちは六人家族で、仕事があるのは私一人だけ」と言った。半分ほどの車には子どもが乗っていた。

白人やラテン系の中には黒人から食料をもらうのを快く思わない人もいる、とジョエルは言った。車で近づいてくるとき、彼らの顔にそんな気持ちが見える。黒人が彼らにものを与えるということに納得できないのだ。本来は逆であるべきなのに。ジョエルは、彼らがジョエルを見るときの思考過程を推測する。『あいつらからものを受け取らなくちゃならない――あいつらについてさんざん悪いことを言ってきた自分が』。ジョエルは食料を配布するとき、〈ストラグル・オブ・ラブ〉のほかのプログラムにかかわるボランティアや子どもたちに手伝ってもらう。ほとんどはアフリカ系アメリカ人だ。一人の白人女性がこう尋ねたのをジョエルは覚えている。「誰が運営してるの?」。「俺は『僕がこの団体を設立しました』と答えた。すると女は『そんなわけないでしょ』と言った。俺は『どうもありがとう。さよなら』とだけ言った。腹も立たなかったよ、バカバカしくて。だけど、それがイメージなんだ。言ってること、わかる？」彼は一部の白人による黒人の見方について言った。「だから、俺たちは人の考え方を変えていかなくちゃならない。黒人がみんな犯罪者ってわけじゃない。別の女性は、ラテン系だけど、自分の前の車が箱を二個もらったのを見た。女は一箱しかもらえなかったから文句を言った。俺は『おたくは一家族ですから』と言った。その前の人たちは二家族だったんだ。すると女は『それはおかしいわ。上の人と話をさせて』と返してきた。俺は言ってやった、『奥さん、僕の上にいるのは神さまだけですよ』」

ボランティアのデメトリオス・ジェンキンズがラテン系の運転手に挨拶をし、新鮮な農産物の箱を手渡した。彼はスペイン語で話したあと、スペイン語と英語が交ざったスパングリッシュに切り替えて「トマテもいります？」と尋ねた。そして一ダース入りの卵を掲げた。「ウェボだよ、赤ちゃん！」

「相手に合わせてるんだ」黒人のデメトリオスは、車が走り去ったあと、大勢のラテン系にスペイン語で話しかけることについてそう言った。

新参者が大挙して押し寄せた最初の頃、「菜食主義者がいっぱいいたよ」とデメトリオスは言った。「やつらはひどく選り好みした。『私たちはこれをしない。私たちはあれをしない』って感じ」。デメトリオスは彼らに「『ここは菜食主義者向けの食料配給所じゃありません。いろ

FREE

いろと選り好みをして、魚だけ欲しいんだとか、豆腐はあるかとか、そんなこと言わないでください。ここには豚肉が入ってます』と言った。初めの頃は、そういう要求をする連中ばっかりだった。きっと、食料をもらうのは初めてだったんだな。列に並んだ車全部の要求にいちいち応えてたら、やってられなかっただろうね」

こうした新参者のほとんどは四五歳以下だった。

「やつらはこういうシステムを知らない」デメトリオスは言った。「だから、何をしてもいいと思ってしまう。なんせ初めてだしね。どういうふうになってるか全然わかってないから、ここに来たら好きなものを注文できると考えてる。前に来たことがある人間なら、ちゃんとわかってる。やってきて、車に何を置かれても、にっこり笑う。すごく感謝してくれるし、謙虚なんだ」

デメトリオスが人々の仕事を尋ねることはない——知っているのは、新参者の多くが一時解雇されたか失業しているかであることだけだ。「ジャガー、メルセデス・ベンツ、ＢＭＷ、インフィニティをたくさん見る。大型トラック、Ｆ-１５０、シボレー・サバーバンもある。だから、お払い箱になる前は、けっこういい地位や肩書があったんだと思うよ」

ジョエルもデメトリオスも、今〝いい〟仕事を持っている人について話した——特定のサービス業についていたり配達車の運転をしたりして、今も働いている人々だ。ジョエルは彼らの賃金の低さを嘆いた。「食料を売ったりしてるエッセンシャルワーカーには、ちゃんと給料を払ってほしいよ。今、最低賃金は時給一五ドルだ。一週間フルタイムで働いても六〇〇ドル。そこから税金を払ったら、手取りはいくらになる?」彼は尋ねた。週給四〇〇ドル以下だ。まともな部屋の家賃は月一八〇〇ドル、低所得者層地域でも一二〇〇ドルくらい。計算してみよう。手取りのほとんどか全部が家主の手に渡るのだ。「みんな、もうたくさんだと思ってる。うんざりしてるんだ――わずかなカネのために必死で働くことに」

私はスマートフォンを取り出して二枚の写真を見せた。ジョエルは二枚目をしばらく見つめた。

「まあ、このメッセージがすべてを語ってるんじゃないか? 生まれたときからドン底。生まれてからずっとドン底。みんなだ。アメリカに生まれた人間はみんな、ドン底なんだよ」

彼が言っているのは、カネを持たない人々のことだ。彼は経済的な不平等を引き合いに出し、ジェフ・ベゾスに矛先を向けた。

「アマゾンを見てみろ。何十億ドルも儲けてる。労働者には時給一二ドルしか払わない。頭がおかしいのか? そこまで悪辣なのか? そこまで汚いのか? カネのせいで、そんなに性悪になったのか? 本当に? ほかに何が買えるってんだ? もうアメリカの半分を持ってるんだろってこと。これ以上何が欲しい? 新型コロナウィルスは、みんながとっくに知ってたことを証明した」

アメリカでは、とジョエルは続けた。「俺たちはみんな、なんらかの理由で何かを憎むように生まれついてる。俺には理解できない。わけがわからないよ。みんなスーパーパワーを持ってる。一人一人の中に二つのスーパーパワーがある。だろ？　プラスのスーパーパワーとマイナスのスーパーパワー。この二つのスーパーパワーはとんでもなく強力だ。いつもマイナスのことばかり考えてたら、このスーパーパワーに操られて、マイナスの人生になってしまう。見るものすべてが、マイナス、マイナス、マイナス、マイナス、マイナス。だけど自分のプラスの面を肯定したら、このスーパーパワーが広がって上昇し、想像したこともなかった力を与えてくれる。だから俺は、子どもたちにそう言ってる。君らには二つのスーパーパワーがあるんだってね」

BLM

コロラド州オーロラ。二〇一九年八月二四日、イライジャ・マクレーンはコルファックス・アベニューのコンビニエンスストアでいとこのために紅茶を買い、店を出た。二三歳のマクレーンはマスクをしていた。貧血症で風邪を引きやすいので、マスクはよくつけている。誰かが警察に、〝不審な〟人物がいると通報した。マクレーンは最初、通報に応じて現れた警官に返事をしなかった。音楽を聴いていて声が聞こえなかったからだ。ボディカメラの映像——不鮮明な映像——が残っている。音声記録によると、マクレーンは、自分は他人とかかわりたくないんだと言い、放っておいてくれと警官に求めている。三人の警官が体重六三キロのマクレーンを地面に組み伏せた。一人の警官は、マクレーンが警官の武器に手を伸ばしたと言った。しかしボディカメラの映像にそういう場面はない。警官がマクレーンの首に腕を回して頸動脈を絞め、マクレーンは「息ができない。やめてくれ」とあえぎながら言った。マクレーンは手錠をかけられた。彼は何度か嘔吐した。救急隊員に強力な鎮静剤のケタミンを注射された。救急車の中で心臓発作を起こした。三日後、マクレーンは脳死を宣告された。警官三人は停職処分を受けたが、審査委員会が彼らの行為に違法性はなかったと結論づけたため数カ月後に復職した。

人権活動家テランス・ロバーツは、一〇月初旬、正義を求める地域リーダーたちの活動に加わった。その集会にいたのは彼以外に六人だけだった。「誰も気にしてなかった、地元の人間も」テランスは言った。またしても警察によって黒人が殺されたのに、誰にも気づかれなかったのだ。デンバーはアメリカの中でも人種による分断がきわめて顕著な大都市の一つである。至るところで人種差別が行われている。現代における人種差別の長い歴史は、一九七〇年二月五日にさかのぼる。デンバーの八家族が、デンバーの公立学校は隔離政策によって不平等な教育をしている、白人と黒人の学校を統合するためにはバス通学が必要だ、という訴えを教育委員会に対して起こしたあと、その夜誰かがデンバー公立スクールバス車庫を爆破した。爆発による火事でスクールバスの約三分の一が焼けた。このキーズ対デンバー第一学区訴訟は、最高裁判所まで争われた。ウィリアム・ブレナン判事は、バス通学の必要性を認める意見書を書いた。意見書によれば、デンバーは三つの人種が住む都市であり、『デンバーの黒人とスペイン系住民はともに、白人の生徒に比べて差別的な扱いを受けている』。バス通学計画は進められた。デンバーの反対派は、ブレナンによく似た人形を作って縛り首にした。その後起こったのは、放

テランス・ロバーツ

テランス・ロバーツ

棄という静かな抗議だった。白人がデンバーから逃げていったのだ。一九七〇年から一九七五年までのあいだに、地区の人口は二一パーセント減少した。一九七四年、州憲法パウンドストーン修正条項が承認された。これはデンバーの拡大を抑制するものだったが、実際には、白人が逃げていった近隣の地区を市に併合してバス通学を実施することを禁じる政策だった。

現在、市立学校の中には九〇パーセントが非白人というところがある。オーロラの警官は黒人を殺し、罪を逃れたように思われた。二一一月には、イライジャ・マクレーン事件に正義の裁きを求める集会の規模はふくらみ、出席者は「一〇人、二〇人、三〇人と増えていった」とテランスは言った。彼らはコロラド州議会に提出する法案を作り、それをイライジャ・マクレーン警察責任法と呼んだ。民主党州議会黒人議員団のリーダーたちと会ったが、「まだその時機ではない」と言われた。テランスは苛立ちと怒りを覚えた——今じゃないなら、いつなんだ？　気運は衰えていった。だが二〇二〇年五月二五日、ジョージ・フロイドがミネアポリスの警官に膝で首を押さえつけられて殺されるという事件が起こった。全国でブラック・ライブズ・マター運動が勃発した。五月二八日、テランスは数千人の先頭に立ち、州議会議事堂の前に現れた。およそ一週間後、彼はオーロラ市庁舎の前でマイクを握り、抗議に訪れた数百人に語りかけた。着ている灰色のTシャツの胸には白い字でこう書かれている。

イライジャ・マクレーン
#JUSTICE4ELIJAH

六月第三週には、八カ月前に彼とあと六人だけで始めた孤独な運動は、全国規模に発展していた。マクレーンを殺した警官の訴追を求めるオンライン署名サイトChange.orgの請願には二〇〇万人分の署名が集まった。七月四日までに署名の数は四一〇万に達し、ウェブサイトによると、これは『Change.org における最大の請願』だという。

数十年にわたって数多くの運動について報道していると、人に〝リーダー〟という語を用いるのには慎重になる。リーダーと認められるべく立ち回る人の中には、実際にはリーダーでない者が少なくない。団体の幹部として挙げられる人が名目だけの存在で、正式な肩書のない人が実質的に団体を率いている場合もある。私がテランスにデンバーでのBLM運動のリーダーかと尋ねると、彼は「僕はBLM運動における地域のオーガナイザーだけど、組織の一員じゃない」と答えた。彼が属しているのは〈革命行動前線隊〉だ。彼が地域のオーガナイザーになったいきさつは、公私両面においてラザロ［聖書でイエス・キリストが死からよみがえらせた男］を地で行くものだった。彼は一度ならず、文字どおりにも比喩的にも死んだとされたのである。彼が死ぬまで刑務所で過ごすことになったと思われたとき、地元の『5280』誌の記者はテランスの事実上の死亡記事を書いた。その長い紹介記事においてテランスは『コミュニティにおける超大物』とされた。

テランスは、昔からデンバーのアフリカ系アメリカ人のコミュニティがあるホリーから数ブロックのところで、コカイン依存症の母親の子どもとして生まれた。一九九〇年代初頭にストリートギャング〈ブラッズ〉の一員になり、〝CKショービズ〟として知られるようになった。〝CK〟は〝クリップ［ストリートギャング〈クリップス〉のメンバーのこと］・キラー〟の略である。一九九三年、ショービズは撃たれて全身麻痺になりかけた。それから一〇年間はドラッグ使用や武器携帯の罪で刑務所を出たり入ったりした。最後に出所したとき、ショービズはもはや存在しなかった。彼は神を見出し、自分は〈ブラッズ〉を抜けたと宣言し、人生を一八〇度転換させることにしたのだ。生まれ故郷のホリーに戻り、若者のための暴力防止プログラムを立ち上げた。

簡単に進んだわけではない。二〇〇八年、〈クリップス〉がコミュニティの中心〈ホリー・スクエア・ショッピングセンター〉を焼き払ったことで、状況は緊迫化した。テランスはその再建を自らの使命とした。最初は歓迎され、デンバーの権力者や富裕者の協力を得られた。二〇一二年にはバスケットボールのコート、サッカー場、運動場、その他の新しい施設を作れるだけの資金が集まった。

しかし時間が経つにつれ、テランスは再開発による地域の高級化がアフリカ系アメリカ人社会に打撃を与えるのではという疑問を抱くようになった。彼は警察による人種差別主義を糾弾し、白人の開発業者はホリーの黒人労働者を雇わないことを指摘した。彼にはあらゆる方面に敵ができた――政府にも、かつて属していたギャングの〈ブラッズ〉にも。彼は子どもたちがギャング団に入らないよう指導していたからだ。二〇一三年九月一〇日、テランスは平和的デモを組織したが、事態は悪いほうに向かった。怒った〈ブラッズ〉に取り囲まれたのだ。警察の報告によれば、誰かがテランスを指差して叫んだ。「いたぞ、あそこだ！　やっちまえ！」。

テランスは九ミリ拳銃を持っており、自分のほうに向かってきた二二歳のハッサン・ジョーンズを撃った。ジョーンズは命を取り留めたが下半身不随となった。地方検事は司法取引を持ちかけた。有罪を認めたら懲役一〇〜三二年の刑にする、というものだ。テランスが拒否すると、地方検事は起訴内容に〝常習犯罪者〟を付け加えた。これで有罪とされたら懲役一〇二年の刑になり、仮釈放の望みはない。テランスは、警察の情報提供者がかかわる大規模な陰謀があると主張している。だが仮に陰謀があったとしても、陪審員は二〇一五年にすべての訴えについて彼を無罪と認めた。無罪とした根拠の一つは、襲いかかられたテランスが命の危険を感じたことによる正当防衛だったのを示すビデオ映像だった。

今、私はアパートの一階にあるテランスの部屋のリビングルームにいる。アパートは平凡な労働者階級用団地にあり、数棟の建物に何十もの部屋がある。オーロラの市境から一キロ半ほど離れたダウンタウン南東部だ。茶色い革のカウチの端は長年にわたる脚の摩擦ですり切れている。パティオのスライドドアのそばには重さ一三キロのバーベルがある。母ガモと子ガモたちが、不動産業者なら〝庭つきマンション〟と呼ぶであろうものの前をよちよち通っていく。その数日前、ドアは開いていて、カモは中に入ってくつろいでいた、とテランスは言った。今ドアは閉まっているのでカモは入ってこられないが、訪問したそうな様子だ。部屋は殺風景で、質素なテーブルがある。テランスはそのテーブルを指差した。そこで、テランスとオーガナイザーのキャンディス・ベイリーはジョージ・フロイド殺人事件を受けて法案――イライジャ・マクレーン殺人事件のあと彼らが始動させた法案――の改訂版を仕上げたのだ。法案は、警察のボディカメラの使用、州レベルでの悪徳警官データベース作成、イライジャ・マクレーンが死んだときのような絞め技の使用禁止、警官の〝限定的免責〟（警官の行動によって人が死んだとき責任が問われないこと）の廃止を求めている。

「僕たちはまさにここ、そのテーブルで法案を書いたんだ」テランスは誇らしげに言った。「あそこでだ！　なあ、これは今まででいちばん進歩的な罰則つき法案だよ！　アメリカの警察活動の歴史上で。僕の要望がすべて入ってるわけじゃなくても、僕はこの法案を支持する」。彼らはレスリー・ヘロッド州下院議員にこの法案を提示した。コロラド州の議員に選出された初のゲイのアフリカ系アメリカ人だ。今回、法案は却下されなかった。上院法案（SB）二〇ー二一七、いわゆる警察健全透明責任法は、採決に持ち込まれることになった。だが一つ問題があった。年配のアフリカ系アメリカ人の宗教的リーダーたちが、このプロセスから置き去りにされていると感じたのだ。テランスは、そういった宗教的リーダーやアフリカ系アメリカ人政治家、それに活動家によるズームミーティングを脇から見せてくれた。侃々諤々の熱のこもった話し合いが行われ、一人の活動家は憤慨して席を立った。法案の内容には誰も反対していなかった。彼らは単に、自分たちの顔を立ててほしかったのだ。話し合いは荒れ、本題からそれていった。テランスは無言を守った。一時間のミーティングで三六分が経過したとき、テランスはようやく発言を求めた。初めて全員が黙り込み、耳を傾けた。

「牧師さま、みなさん、あなた方が軽視されてるみたいだとおっしゃったのはわかりました。僕もそう感じることがあります。僕の祖母は第二八ストリートとフェアファックスの角でレストランを営んでます。僕はそこで育ちました。僕の生い立ちはご存じですよね。ギャングの一員で、暴力とギャング活動に明け暮れてました。あなたたち同志の方々は、よく僕の面倒を見て、ギャングから抜けるのに手を貸してくださいました。僕は師とともに活動してきました。〈ホリー・スクエア〉の再開発をしたときは、アーバン・リーグの教会でよくミーティングを開きました。だから、僕があなた方の考え方を理解してることはおわかりでしょう。お気持ちを僕がわかってないとは思わないでください。この法案を前に進めるとき、あなた方を置き去りにしてるわけでも、年配の方々に不敬を働いてるわけでもありません。僕たちは、イライジャ・マクレーンたち警察に殺された人々のために団結してるだけです。活動中の団体と協力しただけなんです。イライジャ・マクレーンになされた仕打ちを映した映像を見て、警官が『おい、カメラを覆え』と言うのを聞いたとき、警官にボディカメラを常時身につけさせる法案を作ろうと思い立ちました……カメラを取り外したり覆ったりするのを禁じ、そうした場合には重い罪に問われるという法案を、下院議員のヘロッドと［ジェームズ・］コールマンに示しました。キャンディスほか何人かのオーガナイザーと、このリビングルームで会いました。今僕がいるこのカウチに座って。キャンディスはその前から似たような法案に取り組んでたので、僕たちはアイデアを合体させました。それからミス・ヘロッドとミスター・コールマンと話し合いを持ちました。彼らを説得しようとしたんですが、当時はその時機ではないと言われました。たとえ時機が悪くとも進めてほしいと思いました。だけど、僕には学ぶ気持ちがあります。人の話に喜んで耳を傾けます。あなたたち同志を年長者として敬い、耳を傾けたように。彼らは言いました、テランス、今はその時機じゃないんだ、と。でも今なら？　今がその時機なんです。だから今、話を進めてます。僕は法案を検討しました。僕個人の要望がすべて含まれてるわけではありません。それでも、要望の一部が法案に含まれてることはわかってます。やつらにボディカメラを装着させることです。それによって、黒人の男や女、特に若者の命が救われるでしょう。この法案をもっと強力なものにすることもできたかもしれません。でもコールマン議員が先日話してくれたんですが、一月にはもっと多くの法案を審議することになるそうです。だから、僕はこの法案を推し進めます……。最初あなたたち年配の方々を巻き込まなかったのは、軽視したからじゃありません。ただ、あなた方はイライジャ・マクレーンの事件について動かなかった。それは事実です。あなたたちには宗教界として若い黒人を助けるという仕事があります。でも、僕たちのコミュニティ内部に、お互いへの接し方について断絶があるのは確かです。僕は昔から〈ミニストリー・アライアンス〉と一緒に活動してきました。パークヒルの教会の牧師さまたちとともに、オーガナイザーとしての仕事を始めました……。物事はすごいスピードで進んでます。僕たちは戦争の真っただ中にいます——戦ってるんです。あなた方を軽んじてるなんて思わないでください。そういうつもりじゃないんです。僕たちだって、仲間外れにされてると感じて不満をぶつけたことがあります。だから、置き去りにされたとは思わないでほしいんです。急いで進めなくちゃならないということだけは、わかってください。そして、あなたたち同志に支持していただきたい。これは、みんなのためになります。今後こういう状況になるのを避けられるよう、僕たちはもっとうまく協力しなくちゃいけないでしょう。僕が言いたいのはそれだけです」

テランスは誰よりも長く話した。それまで互いの話に割り込んでばかりいたズームミーティングにおいて、誰一人テランスの話を遮ろうとしなかった。テランスが話を終えると、空気が一変した。テランスの言葉が場の緊張を和らげていた。やがて《ミーティングの終了》をクリックすると、テランスはため息をついた。ジョージ・フロイドの死からこの数週間、物事は目の回るようなスピードで進んでいる。一つの行動について、かかわるのは「普通なら二〇人くらいだ」とテランスは言った。二週間ほど前、議事堂の玄関ステップから数千人に語りかけたときは「泣きそうになった。信じられなかった」。彼にはフルタイムの仕事があるが、この活動もフルタイムの仕事だ。あまり眠っていない。それでも、今が〝その時〟だ。「もちろん、僕はこのリビングルームで警察責任法を書いてる。もちろん、デンバー警察、オーロラ警察、ミネアポリス警察、ニューヨーク市警察、ロサンゼルス市警察に抗議してる。みんな、くたばっちまえばいいんだ」

私はスマートフォンの写真をテランスに見せた。

「生まれたときからドン底ってことについて僕に訊きたいのか？　おいおい、僕はアフリカ系アメリカ人の男だぞ」

答えは明白に思えた。訊くまでもないだろう、と言いたげな「ダー」だ。彼はあきらめの口調だった。

「僕は黒人ばかりのコミュニティで育った」と彼は言い、アメリカには多くのアフリカ系アメリカ人がいると思い込んでいた、と説明した。社会に出て黒人がいかに少ないか――国勢調査によれば全人口のたった一三・四パーセント――を知ったときは「仰天した。黒人はそんなに多くない。じゃあ、やつらはなんであんなに執拗に、僕たちと対抗し、僕たちを傷つけ、〈プラウド・ボーイズ〉みたいな右翼団体を作ったりするんだ？　僕たちは大きなパイのほんの小さな一切れじゃないか。僕たちがどんな脅威になるっていうんだ？　〈プラウド・ボーイズ〉

のエネルギーや思考パターンは、いったいどこから来るのか？　やつらの考えは、移民や黒人がやつらの仕事を奪ってるということに集中してる。あるいは、黒人は怠け者だ、とやつらは言う。ただ働きさせられてた時代、黒人は怠け者なんて言われなかった。要はカネなんだ。あと二日で奴隷解放記念日になる。テキサスの奴隷所有者が奴隷を解放するのには二年かかった。なぜか？　何百万ドル、いや何十億ドル分もただ働きさせるのは、労働に何十億ドルも払うより都合がいいからだ。

だから僕たちは、経済的正義についての問題と戦ってる。僕は四三歳。アメリカはアフリカ系アメリカ人になんらかの補償をすることもできたはずだということに、つい最近気づいたところだ。そんなことが可能だなんて、まったく思ってなかった。補償するには何兆ドルもかかるだろう。だけど新型コロナウィルスの流行が始まって、政府はどんどん［カネを］印刷してる」。支払う意思さえあれば、カネはいつもそこにあったのだ、と彼は言った。その前日、ジョエル・ホッジもまったく同じことを言っていた。テランスはそれに気づいたことで、国内外の状況からカネについて考えるようになった。彼はアフリカに目を向けた。そこでは、カネはダイヤモンドや金といった鉱物などの天然資源の価値に裏打ちされていた。

「アメリカのカネはトウモロコシに裏打ちされてるわけじゃない、という結論に達した。綿花に裏打ちされてもいない。〝軍・事・力〟に裏打ちされてるんだ」彼は強調するため一音節ずつ区切って言った。「わかるかい？　僕たちにとっては、それが天然資源みたいなものだ。僕たちのドルはそれに裏打ちされてる。軍の力に。よその国へ行って、問題を引き起こし、戦争を起こすことができる。それがなければ、銀行に預けた一万ドルを何が保証してくれるんだ？」

その延長線上で考えると、警察も、膨大な力を見せつければ勝ちというこの精神構造の一翼を担っているのだ。

「だから、この種の法案に反対する人がいる」テランスはＳＢ二〇－二一七について言った。「警察の暴力について何も心配していないか、何人の黒人が殺されたかに関心がない人。彼らは抗議活動に腹を立てる。自分たちの生活や、アメリカのあらゆる基礎が、警察活動によって支えられてると思ってるからだ。黒人、メキシコ人、いろんな国から来たラテン系の子孫、貧しい白人の首を、膝で押さえつける。でも、白人だからというだけで、すぐにゲームに参加させてもらえるとは限らない。だろ？　金持ちの話す言葉を話さない白人を見たこともある。だから、僕たちは人種差別と戦ってるだけじゃない。黒人にカネがないのは人種差別のせいだけど、いろんな意味で人種差別と同じくらい悪いのはなんだ？　階級差別だよ。貧乏なら、どんな理由で貧乏になったにしても、とにかく飢えるしかないんだ」

私がテランスと別れた二日後の奴隷解放記念日、コロラド州知事ジャレッド・ポリスはＳＢ二〇－二一七に署名した。法案は民主・共和両党の支持を受け、議員一〇〇名のうち反対したのは一五名だけだった。友人が、法案成立直後に議事堂の玄関ステップでマイクを握るテランスの写真を送ってくれた。彼の右腕はブラック・パワー・サリュート［公民権運動で黒人が拳を高く掲げて差別に抵抗する意を示した行動］の形に上げられている。

二〇二〇年九月一七日、私は本書の表紙の写真を暗号化してメッセンジャーアプリのシグナルでテランスに送った。「僕を仲間に入れてくれてありがとう、本当に感謝してるよ！」と返信が来た。彼はそのあとデンバーのワシントン・パークでジョギングを始めたが、八台のパトカーに取り囲まれた。〝暴動を扇動した〟という重罪と、その夏の四回の抗議行動に関連したいくつかの微罪で逮捕された。彼以外にも五人が起訴された。テランスは保釈されたものの、有罪判決を受けたら長期間の懲役になる可能性がある。

第五部
ミートタウン

MEAT TOWNS

クリート

あなた自身、あるいはお知り合いで、ドラッグや違法麻薬で苦しんでいる人はいませんか？　救いの手はすぐそこにあります。お住まいの地域で受けられる治療について、主治医に相談してください。回復は可能です。多くの人が、実際に回復しているのです。この広告は州薬物乱用・精神衛生管理庁オピオイド対策助成金が費用を負担し、ネブラスカ州保健福祉省がネブラスカ放送協会とこの放送局の協力を得て後援しています。

——ネブラスカ州グランドアイランド、ジ・アイランド、ＫＳＹＺ－ＦＭ
１０７・７での公共広告

人口七〇八二人のネブラスカ州クリートは、乾燥したアメリカ西部と湿った東部との非公式な境界線である西経一〇〇度線から東へ八〇キロ行ったところにある町だ。郊外にはお約束の超大型小売店舗（スーパーセンター）、〈ウォルマート〉。地平線上の穀物倉庫がダウンタウンの位置を示している。

ダウンタウンには築一〇〇年の赤煉瓦の建物が並んでいるが、道路に面した店の多くは空き店舗になっている。ここが食肉加工の町だと知らなくても、移民向けに営業している店の看板や名前を見ればわかるだろう――豚をさばくのはほとんどがラテン系の人々なのだ。『ラテンアメリカ向け送金（Envie Su Dinero A La Latinoamerica）』、『簡単、迅速、安全（FACIL, RAPIDO & SEGURO）』、『グアテマラ風おつまみ（Antojitos Guatamaltecos）』。そんな中に、『売物件』の看板を掲げた空っぽの〈ニュービギニングス・スリフト・ストア〉がある。道路はサウス・メインからスミスフィールド食品工場まで舗装されている。工場を過ぎると砂利道だ。右手にある広い工場では、毎日一万頭の豚が最期を迎えている。

ダルシー・カスタニェダの父親はその工場に勤める労働者だ。新型コロナウィルスの流行がネブラスカ州やアイオワ州の町々の食肉加工工場を襲ったとき、ダルシーは父親が病気にならないかと不安になった。ネブラスカ州保健福祉省の報告によれば、ラテン系は人口のたった一一パーセントであるにもかかわらず、感染が確認された人の六〇パーセントほどを占めているという。労働者は多くの場合、凍る一歩手前の温度に保たれた工場で鋭い刃物で手早く動物を解体するとき、互いに肩が触れ合わんほどの距離に立っている。ウィルスは寒さが好きだ。四月、ダルシーは〈チルドレン・オブ・スミスフィールド〉のことを耳にした。『すべての食品加工労働者のために労働者の権利と労働条件の改善』を求めて活動する、この会社で働く親を持つ人々の小規模な団体である。ダルシーは団体に入った。労働運動にかかわったのはこれが初めてだった。

一九九六年、この町に初めてやってきたラテン系の数家族とともに両親がクリートに移住したとき、ダルシーは二歳だった。両親は一九八〇年代にメキシコからアメリカ合衆国に来ており、ダルシーはグランドアイランド市で生まれた。やがて家を離れた彼女はノースウェスタン大学で社会学を専攻し、卒業した。クリートの実家に戻ると、町で最初のコミュニティ副理事長になった。一年半後、メキシコに引っ越した。二月にクリートに戻ったあと、ウィルスが町を襲った。

州の政治家や役人による危機への対処に、ダルシーは困惑した。四月にウィルスがこの食肉加工の町で猛威を振るったとき、共和党の知事ピート・リケッツは、感染した労働者の数を公表することを拒んだ。州保健福祉省も具体的なデータを秘密にした。その後六月になってリケッツは、地方政府が裁判所や政府庁舎内でマスク着用を強制するなら連邦政府からの新型コロナウィルス救援資金を断ると宣言した。私はその数週間前、ダルシーと電話で話していた。『当初の目標は、人々の意識を高めてこの問題を認識してもらうことでした。社会運動を行いました。工場で車による静かなデモをしました。それを五月中ずっと実行しました。同じような工場のあるレキシントンやグランドアイランドでも、車によるデモをしていました。私たちは上

院議員や知事と面会しました。地区選出の下院議員とも面会しました。リケッツは（中略）保健福祉省に、データを公開しないよう命じました
『データ隠しに関して、あなたは知事と対決した？』

『ええ、直接知事に尋ねました。彼は前にもこの問題について答えていましたけど、私たちは彼の口から聞きたかったたし、新たな情報があるかどうか知りたかったたから。そしたら知事は、人々が自分の仕事や職場について嘘をついていると思うからだ、と言ったんです』

『それは根拠薄弱では？』

『そう。私たちはもう少し問い詰めました。「何人がそういう嘘をついているか、わかってるんですか？」。でも知事はわかってなくて、答えられませんでした。腹立たしいのは、ガイドラインや

提案の作成はネブラスカ大学医療センターに任せていて、そこで検査を行っている、と知事が言いつづけていることです。一方、規制を課すことのできる労働省や労働安全衛生局（OSHA）には見向きもしていません。腹が立つのは、私たちの団体がOSHAに苦情を申し立てたら、OSHAからの返事は「ご家族には、マスクを着用して人との距離を保つようにおっしゃってください」というものだったこと。「感染を減らせるかどうかは労働者次第です」。OSHAは「ああ、我々にもあまり権限がないんです」と言ってるようなものですよね。だったら、誰に権限があるのか？　知事は、会社は労働者にソーシャルディスタンスを保って二メートルの距離を空けろと命じている、と言いました。そんなこと、多くの［作業］エリアでは文字どおり不可能です。だから私は、ソーシャルディスタンスは実施されていないと言いました。すると知事が言ったんです。「それは労働者側の怠慢でしょう。経営者は一日じゅう労働者を見張ってるわけにいきませんからね」。どうしようもありません。いつだって、割を食うのは労働者。誰にも責任はないんですか？』

近年中西部に起こった素晴らしい変化の一つは、クリート程度の規模の町ほぼすべてに、おいしいエスプレッソの店ができていることだ。私はメイン・アベニューに〈アーティザン・マーク・コーヒー＋グッズ〉を見つけ、外のテーブルでダルシーを待った。クリート製粉所から轟音が聞こえる。トウモロコシを挽いて粉にしているのだ。彼女が来たとたんに大雨が降りだした。店のオーナーは、中に入って隅のテーブルにつくよう勧めてくれた。ステレオで音楽が流れている。私はスマートフォンを取り出し、廃業したガソリンスタンドと中の落書きのことを説明した。彼女の意見を尋ねようとしたとき、偶然にもブルース・スプリングスティーンの『ボーン・イン・ザ・U．S．A．』が、まるで彼女の返事のＢＧＭのように流れはじめた。

「トランプ政権になる前も人種差別はあったけど、そこまであからさまじゃなかった。トランプのせいで、それは普通のこと、オーケーになってしまった。それどころか、もっと根深くなってる。システムに組み込まれてる。あなたは、肌の色が人生経験や人間関係に実際のところどれだけ影響を与えるんだろう、と考えてるでしょう。私はいつも、自分の人種が人間関係や経験に大きく影響してることをものすごく意識してる。何に生まれついたかによって、自分がどんなふうに扱われるか、周囲の人が自分の存在にどう反応するかが決まってしまうし、それはどうすることもできない。生まれる前からすごく不利な立場に置かれてる集団もあると思う。私の家族はクリートに来たとき、初めて町に来たラテン系家族のうちの一つだった。私が初めて差別を経験したのは、新聞の投書欄だったと思う。当時は、〝薄汚い人々〟がやってくると暗にほのめかす投書がたくさんあった。小さいときそういう投書を読んで、『この人たちが言ってるのは私たちのことだ』と思ったのを覚えてる。アメリカというのは自己責任が大好きだと思う。白人にとって、『ああ、これは自分の問題だ』と言うのはすごく簡単。今みたいな時代には、金持ちはますます金持ちに、貧乏人はますます貧乏になるというのは、まったくそのとおりだと思う。食肉加工業界では、こういう時代、会社が利益を上げつづけるために労働者の安全や健康が犠牲にされることが多い。先週読んだ記事では、ケネス・サリバン――スミスフィールドのCEOね――がリケッツ知事に手紙を書いたとあった。マスクを着用してソーシャルディスタンスを保つという推奨について、そういったことが労働者の〝ヒステリー〟を招いてるんだ、とサリバンは示唆したそうよ」

プロパブリカで報じられたその記事は、三月半ばにサリバンが書いてリケッツに送ったEメールを紹介している。

食品生産やその他必要不可欠なサプライチェーンにかかわる労働者が職場放棄する危険は高まる一方です。直接の原因は、政府がソーシャルディスタンスの重要性ばかりを繰り返し、このガイダンスをきめ細かく運用しないことにあります。(中略)ソーシャルディスタンスが求める潔癖さは、ノートパソコンで作業をする人々にしか意味を持たないものです。

「びっくりするでしょ、これを書いたのが誰かと考えると」ダルシーは話を続けた。「この会社のCEO。明らかにノートパソコンを持てる人、明らかにソーシャルディスタンスを保って家にいられる人。そして、食肉加工工場の中でぎゅうぎゅう詰めにされてる労働者のボス。わかるでしょ、この人の意識がどれほど現場とかけ離れてるか？　私は常々、どんなものにも計画があると考えてる。私はコミュニティのオーガナイザーだったことも、自分を活動家だと思ったこともない。故郷で抗議活動に参加するなんて、夢にも思わなかった。それがほんの数週間前、みんなでスミスフィールドまで車で行って抗議活動をした。正気の沙汰じゃないわね」

こういうことには未経験で、オーガナイザーとして活動してまだ数週間のダルシーは、困惑していた。

「ときどき疑問に思うことがある、私たちは過大な要求をしてるのかって。私たちは間違ってるのか？　そう思うときがあるのは、私たちが間違ってると思わせたい声がいっぱい聞こえてくるから。OSHAのことや、私たちの要求の一部が却下されたことについて考える。知事の私たちへの態度について考える。話し合いの場では、知事は取りつく島もなかった。私たちは物事を、みんなと違うように見てるの？　これは人権問題でしょ。おかしな考えではないはず。だからこそ、ときどき自分の正気を疑ってしまう……」

私はジャーナリストという立場を離れて――年を取るにつれてそうするのはどんどん簡単になる――私の学生たちも政治家や制度に批判的な記事を書くといつもそう言われる、と指摘し

ネブラスカ州クリートの北東、デントン

た。年配のいわゆるリーダーたちが若者を操るテクニックなのだ。「あいつらに、君たちを支配する力を持たせちゃいけない」私は言った。

「こういう運動って精神的にキツい。だけど労働者は、何が起こってるか、自分がどんなに弱いか、どんなに無力に感じてるかを知ることはできると思う。私たち子どもは高等教育を受けてるから、物事をいわば別の角度から見る考え方を提供できるはず。そうして、自分の労働が世の中全体の仕組みの中でどう利用されてるかを、親たちにわかってもらうの。そうすることで、私と父との会話は間違いなく変わった。父も物事を今までと違うように考えはじめてるみたい。何もやろうとしないほうが悪いというのは、みんな気づいてる。だから、少なくとも何かは起こってるはずよ」

素晴らしき哉、人生！

金曜日の午後にアイオワ州デニソンを再び訪れたとき、東部の市場は閉じたばかりで、ダウ平均は二万五八七一・四六ドルだった。その週は、ウォール・ストリートを支えるために連邦準備制度理事会（ＦＲＢ）がまたしても思いきった策を打ち出して始まっていた――月曜日、新型コロナウィルス感染拡大のため市場が暴落していたとき、ＦＲＢは「市場の流動性と大企業の信用枠を支えるため広範で多様な社債の買い入れを始める」と発表した。つまり、もっとじゃぶじゃぶカネを出すということだ。その日の夕方、市場は高騰した。これは、ＦＲＢが投資家階級を支えるために行っている前例のない多くの行動の一つだった。地方債、抵当証券、コマーシャルペーパー、社債などを買い入れる計画である。市場が弱気になるたびに、ＦＲＢはアメを投げ与える。その月曜日の行動は、企業にカネを配るための最新の計略だった。批判的な人間は、これは勝者と敗者を区別する危険を生み出すと言った。アダム・スミスの精神は正確には伝えられていなかった。ＦＲＢはウォール・ストリートを助けている。だがメイン・

ストリートは誰が助けるのか？

デニソンの昔ながらのビジネス街があるのはメイン・ストリートではない。ブロードウェイだ。私は以前から、これはなかなか勇気ある名前だと思っている。ネブラスカ州との境界から直線距離にして七二キロのところにある人口八〇〇〇人ほどの食肉加工の町で私が暮らしたときから、一七年が経っていた。二〇〇三年当時、この昔からのビジネス街は苦しんでいた。今、私はホテルにチェックインしたあと車でダウンタウンまで行き、ブロードウェイや何本かの脇道を歩いた。アイオワの小さな町で想像できるとおりのまずい食事を出す中華料理店は、がらんどうになっている。正面の窓には『売物件』という薄れかかった字の看板が掲げられていた。なくなっている最も大きな店は〈トプコ・ドラッグストア〉だ。閉店したのは知っていたが、店がないのを見るのはやはりショッキングだった。閉店の発表があったのは、私がこの町での最後の日々を過ごしていたときだった。ウィンドウに『全品二五パーセント引き』という貼り紙がされたのだ。経営者で薬剤師のクレイグ・ホワイティッドは私が町を去る直前、二二年前に店を開いたときは何もかもが違っていた、収益という点で一九八二年の世界は二〇〇四年の世界とまったく異なっていた、と話してくれた。一九九二年にボイヤー川そばの平地に〈ウォルマート〉ができたあと、〈トプコ〉の売上は五パーセント減少した。それでもクレイグは奮闘を続けた。〈ウォルマート〉の幹部連中がクレイグを廃業に追い込むための情報集めにレシートを探して彼の家のゴミ箱を漁っていると知ったとき、これは単なる商売上にとどまらない個人的な戦いになった。創意工夫を凝らした。だが最後のほうには、夜中の呼び出しに待機するのに加えて日中は九時間以上働かざるをえなくなっていた。売れ行きはさっぱりだった。たとえクレイグが店を売って理論上この薬局の価値に見合う金額を受け取れたとしても、それを買った愚かな人間は、週七〇時間以上の労働に対して並みの収入しか得られない商売を買収したことになるだろう。〈レイノルド服飾店〉など、意外なほど多くの店がまだ残っていた。そういう生き残った店はこのパンデミック不況の中でどんなふうにやっているのか、と私は不思議に思った。いくつかの商業ビルは売りに出されていた。

再びこの町に来たのは、ここを含むクロフォード郡が現在新型コロナウィルスの大流行地だからだ。『ニューヨーク・タイムズ』紙が二〇二〇年六月にまとめた集計では、アメリカ合衆国内で感染者の多い郡トップ五〇の中で二三番目（クリートのあるネブラスカ州セイリーン郡は二〇番目）。クロフォード郡における感染率は一〇万人当たり三三六二人。ニューヨーク・シティは一〇万人当たり三六一〇人なので、非常に近い。私はこの郡の人たちに親近感を覚えているけれど、アットホームな気分になったのは、このよく似た厳しい統計値のせいではなかった。私はデニソンを〝ホーム〟と呼んでいるが、一般に言われるような意味ではない。ホームという概念は、年を取るにつれて流動的になっている。私は人生について、作家ポール・ボウルズと同じく、私たちの一部は旅人であるという考え方で臨んでいる。旅人とは観光客ではなく、家の番人でもない。非常にゆっくりではあっても、移動しつづけるよう運命づけられている人間だ。ほんの束の間以上の期間滞在したところはホームと呼べる。私はまったくの運命のいたずらにより、人生のうち丸一年をここで過ごした。簡潔に説明すると、九・一一のテロ事件のあと、私はマンハッタンのバーで、元担当編集者のジェームズ・フィッツジェラルドとともに酔っ払っていた。彼はダイヤル／ダブルデイ出版社にいたとき、『あてどのない旅』を買ってくれていた。私は、その後著作権代理人になった彼からラブコールを受けた。ジム（ジェームズ）は最近亡くなったが、本の出版を興味あるものにしてくれる途方もない天才の一人だった。テロ攻撃を受けて、彼は「今は小さな町についての本が注目を集めるぞ」と言った。私たちはナプキンにアイデアを書き殴った。一週間後、電話が鳴った。ジムによると、ある大手出版社の編集者が小さな町についての本を出したいと言ってきたという。「そいつは不思議な話だね」ジムはその編集者に言った。私は六桁の前金をもらって、行ったことのない町について書くことになった。契約成立の一週間後、本の権利を買った編集者がクビになった。出版業界用語で言うと私は〝孤児になった〟。この業界には長いので、それが出版社は本を売るためにまるっきり何もしてくれないという意味なのは知っていた。だが、そんなことはかまわなかった。雇い主からカネがもらえるなら文句はない。

DENISON

32 S 14th Street

recently renovated open floor plan commercial building

$127,900

DENISON

19 S Main Street

Turn key business & building

$180,000

まずは町を見つけねばならなかった。移民のいる小さな町がいい。食肉加工工場のある町。インターネットで、五、六の小さな町のホームページをクリックした。デニソンの公式サイトを開くと、給水塔の写真が現れた。塔の上には『素晴らしき哉、人生！』と書かれている。その題名の古いクリスマス映画でジェームズ・ステュアートと共演したドナ・リードが、この町の出身なのだ。そのあと私はさらに二つの事実を見出した。一つ目は、町の人口の三分の一、三〇〇〇人ほどがラテン系であること。二つ目は前年の秋の事件。穀物運搬車がオクラホマ州の倉庫から、荷物を積むためデニソンの穀物倉庫までやってきた。一人の労働者がハッチを開けると異臭がした。中を覗き込んだところ、一一体のミイラ化した死体があった。六月にテキサス州の国境で業者の斡旋によって密入国した移民の遺骸だった。

中西部に移民が集まりはじめたのは一〇年以上前、食肉加工会社が労働組合との約束を破って作業の流れを加速させた結果、白人が逃げていってからだ。新参者が押し寄せた多くの町と同じく、デニソンも緊張に包まれていた。私は何本か電話をかけ、一一体のミイラの発見がコミュニティの内省を促したことを知った。

私は荷造りをしてアイオワに向かった。ジムは奇妙なことを思いつく男だが、結局それには必ずなんらかの意味があることが判明する。彼は、まずは墓地へ行って誰の墓石がいちばん大きいかを調べるようにと言った。それが私に何かを教えてくれるだろう、とジムは感じたのだ。安ホテルにチェックインしたあと、私はすぐに墓地まで車を走らせた。まるで王墓のような最も大きな墓標には『ショウ』という名が刻まれている。三日後の夜、私はかつてレスリー・ショウが所有していた朽ちかけた屋敷で寝ていた。ショウは元アイオワ州知事で、のちに一九〇一年から一九〇七年までセオドア・ルーズヴェルト政権で財務長官を務めた人物である。私が寝ている部屋の上にある舞踏室は、つい最近まで覚醒剤密造所だった。ここは幽霊屋敷だ。その冬、幽霊は自らの存在を露わにしていた。

私がその屋敷に来ることになったのは、ネイサン・マートの計らいだった。彼はデニソンの住民で中学校の技術の教師、町の予言者、事実上の地元の歴史家だ。ネイト（ネイサン）は屋敷の所有者にコネがあった。彼はよく、私がデニソンを選んだのではなくデニソンが私を選んだのだと言った（私の人生において繰り返し現れる話である）。そこで暮らした一年のあいだ、私はあらゆることに首を突っ込んだ。ラテン系労働者、実業界、地元の政治、中西部の小さな町の日常生活全般。それはまるで、シャーウッド・アンダーソンの小説『ワインズバーグ、オハイオ』（新潮社、上岡伸雄訳、二〇一八年、その他多数）を現代に移した実話版だった。私が町を去ったあと、二〇〇五年にネイトは市長に選ばれた。得票は一〇七六対七三三だった。

私とネイトは連絡を取りつづけた。彼は政治家として、私が報じた問題に取り組みつづけた。

ネイサン・マート

デニソンには二種類の白人がいた。移民を嫌う白人と、放っておいたら死にそうな中西部の町に移民が新たな生命力を吹き込んでくれると考える白人。ネイトは後者だった。二〇一七年二月二八日、彼はこんなメールを送ってきた。

> 僕はトランプビルに住んでいる。ここの人たちは、移民がいなければ地域経済が立ち行かないことがまったくわかっていない。（中略）またしても、あらゆる人が不審者扱いされている。悲しい状況だ。報道の自由は我々の民主主義を証明するものだが、今それは行き詰まっている。我々はどんどん悪い方向に向かっている。中米の国ベリーズに行こうかと考えている。（中略）キューバはあまりにも近い。

ネイトの家の裏庭で会ったとき、彼と妻はまだベリーズに移住することを検討していた。あるいは彼らの新しいお気に入り、ポルトガルに。

「なあ、君がここにいたときは、移民を送り返すなんて話はなかっただろ。トランプが当選して、そんなクソみたいな政策を実行しはじめたとき、それまでの〝ドリーマー〟［幼少時に不法入国して強制退去を猶予された者］を是認する考え方は、『あのろくでなしどもを故郷に送り返せ』に変わった。大きな変化だよ」ネイトは言った。ラテン系の人々は家を売りはじめた。移民が長期的な視点で物事を考えることは目に見えて減った。「いつ追い出されるかわからないから、彼らは投資をしたがらない。それでメイン・ストリートは弱ってる。彼らはここでカネを使わない。〝ここに属していない〟からだ。学校での子どもたちも、昔とはがらっと変わった。彼らの多くはメキシコに自分の将来を見る。ここには見ていない。教育はここで受けたがるが、結局はメキシコに帰る。将来はそこにある。彼らの将来は、もうここにはないんだ」

パンデミックが襲ったとき、町はそういう状況だった。ホワイトハウスから広がる移民バッシングによって、町は既に傷ついていた。ネイトは、ウィルスの経済的影響が次に町を襲う危機になることを恐れている。ブロードウェイの店の得意客たちは、営業停止命令が出されてからはオンラインで買い物をしていた。

「オンラインを使ってなかった人も、今はオンラインを使ってる。〈ウォルマート〉からもネットショッピングで買っている。僕は、オンラインで注文して取りに行くという多くの人と話をした。店の中を歩き回りたくないんだ。で、これで金持ちになるのは誰だ？　ジェフ・ベゾスと〈ウォルマート〉。あいつらが企んだのかと思ってしまうよ」

ネイトはブロードウェイの〈レイノルド服飾店〉を指差した。店は一時休業を命じられている。だが〈ウォルマート〉は食料品を売っているため対象外だ。私はカリフォルニアでも同様の現象を目にした。人々はディスカウントストアの〈ターゲット〉に、食料品ではなく服を買いに集まっていた。適切なソーシャルディスタンスを保った服飾店が営業を許されないのは納得できない。

「ほんとにバカげてるよ、〈レイノルド〉ではシャツを買えないのに、〈ウォルマート〉へ行けば買えるなんてね」ネイトは言った。「シャツが欲しいとき、僕は〈レイノルド〉に行く。だけど今、〈レイノルド〉でシャツを買うことはできない。だからアマゾンを使う」。私がここで暮らしていたとき、ネイトはいつも〈ウォルマート〉を〝サタンの隠れ家〟と呼んでいた。人々の習慣が変わり、その結果〈レイノルド〉などの商売が苦境にあえぎつづけることを、ネイトは危惧している。「新型コロナウィルス前の状態にはならないだろう。客の数は決して元に戻らない」

パンデミックは別の意味でもデニソンのような町に打撃を与えるだろう。たとえば、オンラインショッピングが盛んになって廃業する店がもっと増えることによる、消費税収の大幅な落ち込みだ。アイオワ州に地方オプション消費税の制度はない――つまり、個々の都市が税率を州法で定められた六パーセントよりも上げることは禁じられている。

「地方オプション消費税はないから、固定資産税に頼ることになる。政府は増税に尻込みしない。だから固定資産税は高くなるだろう。固定資産税が上がると、退職した人たちが困る。工場労働者も打撃を受ける」

固定資産税が急上昇したら反乱が起きるのではないか、と私は思った。ネイトは皮肉っぽく笑った。

「君は、僕たちがすごく受動攻撃的［怒りなどを直接的に表現せず、消極的な方法で相手に対抗する性質］なのを忘れてるね。いわゆる〝アイオワ・ナイス〟だよ」彼が言っているのは、私が何度も目にした真理だった。相手と面と向き合ったときはにこにこしながら、陰で辛辣な悪口を言う態度だ。しかし人々が本当に怒るようになったら、選択をせねばならなくなる。

「今から数年後には、決めなくちゃならない時が訪れる。我々には何が必要か？　何が欲しいのか？　欲しいものはいろいろあるけど、本当に必要なのは何か？　欲しいものを全部買うだけのカネはないんだ。立派な会議場は必要か？」彼は、町が多額の費用をかけて建設し、維持管理しているボールダーズ会議場に言及した。「警官は一五人必要か？」

私はデニソンのことを本に書いたとき、デニソンはアメリカの縮図だと断じた。それは今も変わらない。こういった疑問はニューヨーク・シティで呈されるものと同じである。ニューヨーク市警には本当に正規の警察官が三万六〇〇〇人も必要なのか？

「いろいろなものを切り詰めない限り、固定資産税は高くならざるをえない」ネイトは言った。「では、警官は一五人必要か？　七人でいいのか？　常に二人は勤務させておかねばならない。それが警察の希望だ。しかし我々は、自分たちに必要なものを選んでいかなくちゃならない」

裏庭のテーブルで話していると、遠くのスミスフィールド食品工場からうなり声が聞こえた。私がここに住んでいたとき、そこはファームランド食品で、毎日九四〇〇頭もの豚が処理されていた。

「四月の半ば、僕はときどきここに出てきた。完璧に静かだったよ。三ブロック向こうの鳥の鳴き声も聞こえた。人々は仕事に行かなかった。あそこで働くのが四〇〇人ほどという日もあった。従業員は一八〇〇人のはずなんだが。だけど、新型コロナウィルスでみんな死ぬんじゃないかと怯えてたんだ。四月に一日も休まずスミスフィールドで働いた者には、五〇〇ドルのボーナスが出た。さて、人はどっちを選んでる?」

スミスフィールドはこれを〝責任ボーナス〟と呼び、四月中に自分のシフトを完全にこなした者に支払っている。会社は声明の中で、これは〝#ThankAFoodWorker（食品労働者に感謝しよう）〟という企画の一環だと述べた。『新型コロナウィルス感染のため欠勤した人も責任ボーナスを受け取れます』。だが、大事なのはそこではない。このカネは労働者を工場に呼び戻すための餌だ。病気にかかるかもしれない工場に。「バカげてる」ネイトは言った。「どこかのお偉方がやってきて、あいつらになんらかの制裁を課してくれることを、心から願ってるよ」

広告掲示板、インディアナ州ペルー、国道24号線

第六部
ヤングスタウン

YOUNGSTOWN

僕は沈んでいる

さよならを言う時が来た。
ここで働きはじめたのは一九七三年一二月五日、
リパブリック・スチールで夜一一時から朝七時までのシフト。
ちょっとカネを儲けたら辞めて山男になるという願望だけを持つ若者だった。
僕は仕事を探してここへ来た。
だけど見つけたのは……
母を手伝い、三人の息子を育てる能力、
住む家、テーブルに食べ物、
着られる服、素敵なライフスタイル、
大勢の人と会い、新しい友人を作り、
普通ならできないと彼らが言うことを成し遂げ、
年配の人々から学び、常に頭を使い、

自分を駆り立て、なんとかして
顧客を幸せにする。

今、僕は出ていく
僕の貢献を求めて雇ってくれる場所を
見つけるために。
でも僕が驚いたのは、仕事ということに対する
人々の態度だ。
どうして会社や商売がうまくいかなかったのか
僕が調べたり非難したりしても
どうなるわけでもない。
会社を生き残らせるための法律なんて
どんな政府も作れない。
雇用を永久に保証する契約なんて
どこにもない。

ビル・H
二〇〇三年四月二七日

これは、オハイオ州ヤングスタウン、リパブリック・スチールのヘイゼルトン工場の廃墟内部の黒板に書かれ、二〇二〇年六月初頭に写真家ポール・グリッツリが撮影したものだ。

二〇一八年八月、ヤングスタウンでの取材ノートより。

――GM、ローズタウンの一四〇〇人を一時解雇。病院閉鎖、一〇〇〇人以上が一時解雇。

――鉄鋼通りの外れで友人の母親と並んで立つ。カーネギー・ハウス。黒煙。そわそわ。家々はまだずっと燃えている。変わってないものもある。また別の家が燃えたのかと心配。家の横でガラクタを燃やしてるだけだった。二軒向こうで子どもが撃たれる。薬物が関係。だけどそんなに悪くない、と彼らは言う。

――皆タバコを吸う。ヨータウンの空気はピリピリ。鉄鋼通りで男がトラックを乗り降り。女は貧乏揺すり。煙、煙、煙。ニューポート［タバコの銘柄］。

――『オピオイドはここでは文化の一部である。避けては通れない』

『フッズ』より

――ジ・エイト。ウォレン。電話番号の一桁目より。

――エリア51［UFOを研究していると噂されるアメリカ空軍基地のある地帯の俗称］。歓楽街。売春婦。ドラッグ。USWA一三七五付近。アダムスとアトランティック。

――「Yタウン」

元依存症の小物ディーラーがヤングスタウンで売るためヘロインの小袋を作る様子を実演。

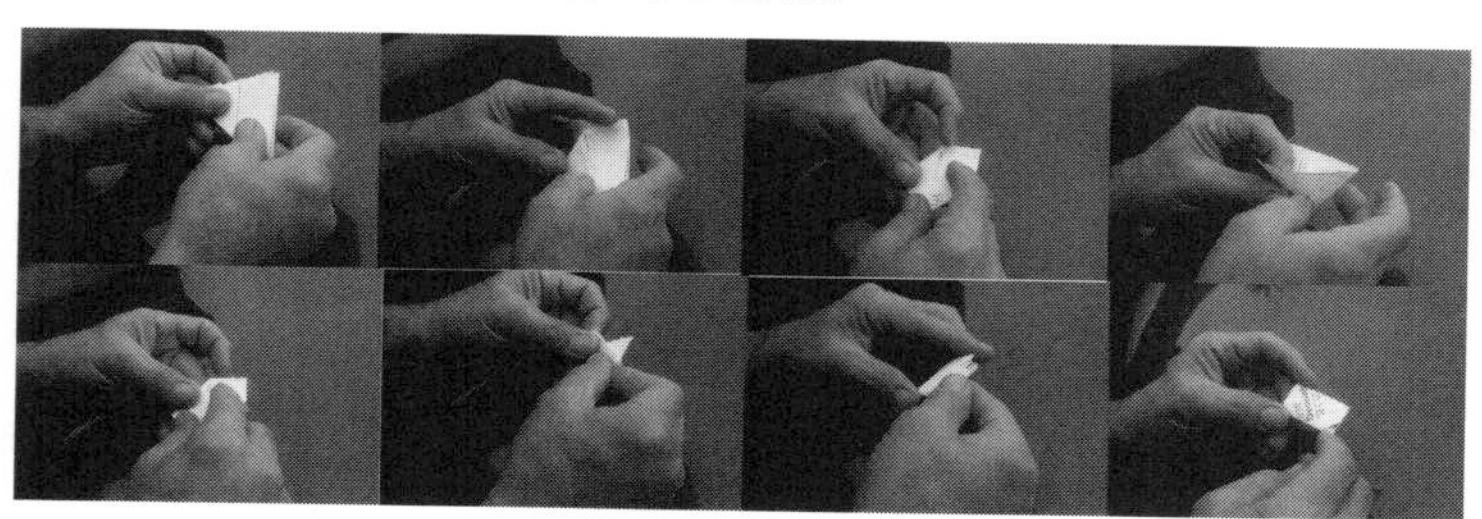

――クランフィールド。

――ポーランドのおまわり、よそ者に対する態度最悪。特に黒人に。必ず職質。

解説：二〇一九年三月六日、ゼネラルモーターズ（GM）はヤングスタウンのすぐ北西にあるローズタウン工場を永久に閉鎖し、最後まで残っていた一五〇〇人が職を失った。一九八三年に私がヤングスタウンで取材していたとき、一日に平均一軒が火事になっていた。家がまだ燃えているとき、私はUSスチールのオハイオ工場のそばで一人の女性に話しかけており、彼女は煙を見て怖がったが、近所の家がゴミを燃やしているだけだとわかった。人口はピーク時の一六万八〇〇〇人から六万五〇〇〇人まで減った。全米鉄鋼労組第一三七五支部はマホーニング・バレーにある最後の一貫生産型鉄鋼工場の労働者のための労組だった。そのウォレン工場は二〇一七年、バレーに残った最後の溶鉱炉がスクラップと化して廃止された。〝ジ・エイト〟はヤングスタウンの北、ウォレンの一地区。〝クランフィールド〟は、多くの保守的白人が暮らすキャンフィールドの地元での俗称である［黒人を差別する白人の結社クー・クラックス・クランを示唆している］。ポーランドはヤングスタウンの南にある町だ。

今、ヤングスタウンには新たなダウンタウンができている。私企業のために、ある意味社会

〈リップス・カフェ〉、ヤングスタウンの南ストラザーズ、2018年。

1983年に取材した廃製鉄工場のロッカーに貼りつけられたバンパーステッカー。

主義思想によって作られた地区だ。最初は二〇〇五年にオープンした多目的施設コベリ・センター。ジェームズ・A・トラフィカント下院議員の置き土産ともいえる尽力によりできた施設である。彼は犯罪組織と手を組んだ元郡保安官で、私は一九八三年、彼にインタビューした(「私はけものの腹の中にいたことがあるんだよ、デール、(中略)まあ、その臭かったこと！」)。その後出世した彼は汚職容疑で連邦政府に告発され、服役した。議会における最後の活動の一環として、トラフィカントはヤングスタウンのために住宅・都市開発省から二六〇〇万ドルの助成金を獲得し、施設を作らせた。二〇一八年、コベリ・センターの横にある、ヤングスタウン・シート・アンド・チューブ製鉄所の本社だった歴史的建物が、四つ星ホテルのダブルツリーbyヒルトンとなってよみがえった。このプロジェクトには二〇〇〇万ドルがつなぎ融資として公金から支出されたが、その金は市の上下水道会計から流用された疑いがある。一〇年間にわたる七五パーセントの減税がなされ、九〇〇万ドルという連邦税・州税の歴史的な税額控除が行われた。同時期、〈V2ワインバー・アンド・トラットリア〉、〈ライズ・クラフトビール・アンド・ウィスキー〉、〈ファニーファーム・コメディクラブ〉などの施設と、ロフト形式のマンションができた。

ウェルズ・ビルディング

ヤングスタウン、ダウンタウンの高級賃貸マンション

家賃　九五〇ドルより

大人気の〝ハイテク地区(テク・ブロック)〟に
最も新しく登場したウェルズ・ビルディング。
高速専用光ファイバー接続を提供する、地区で唯一の居住用施設。
内装は専門家が一部屋一部屋デザインしました。
高さ三・六メートルの天井とたっぷりの自然光が、
広々としたリビングルーム、ダイニングルーム、バスルームを明るく照らします。

ヤングスタウンを過去四〇年ほどのあいだに何度も訪れた人なら、きれいだが死んだような場所――フェデラル・ストリート沿いとその周辺の新ダウンタウン――には特に注意を向けないだろう。なくなったものに気づき、かつてあったものの記憶を持ちつづけるのだ。昔は何十もの家があった地区は、今や広大な草原と化している。マホーニング川に沿って何十キロにもわたって並んでいた鉄鋼工場（と、それらにかかわる組合労働者五万人の高賃金の仕事）は消

滅した。川岸に立つアパートは自然に還り、鬱蒼とした河畔林になっている。家族経営の店から成る商店街はなくなった。茂みの中を歩いたら、レンガやねじれた金属片が見つかるだろう。まるで失われた文明の残骸のように。三交代で働く労働者の何百台もの車がひしめいていた、オハイオ・ターンパイクから見えるローズタウン工場の駐車場が、いちばん新しいボディブローだ——現在、そこは何もないアスファルトの空き地になっている。

私は一九八三年に初めてここに来て、その後長年にわたって何度も訪れている。案内してくれるのはいつも、ヤングスタウン州立大学の労働学名誉教授ジョン・ルッソ博士と、ジョージタウン大学英語学教授でライティングプログラム指導者シェリー・リンコン博士だ。シェリーは週間ブログ『労働者階級展望』の編集責任者を務めており、労働者階級研究所の創立者であり初代所長だった。長年ヤングスタウン州立大学で教えてもいた。ジョンとシェリーは労働者問題研究におけるパートナーであり、夫婦でもある。彼らは『アメリカ鉄鋼の町——ヤングスタウンの労働と記憶（*Steeltown U.S.A.: Work and Memory in Youngstown*）』（未邦訳）を共著として執筆した。ジョンは一九八三年、ヤングスタウンは製造業衰退のシンボルになるだろうと予言したのみならず、アメリカのほかの地域も途方もない階級格差という意味でヤングスタウンと同じになると述べた。予言は現実になった。一九九五年、ヤングスタウンとその周辺に残った白人たちの中に息づく深く激しい怒りは危険だ、とジョンは言った。彼は歴史に目を向け、何が起こるかを予見していた。

「戦前のドイツやイタリアで見られた怒りと似ていなくもない」当時私が引用したジョンの言葉である。アメリカでは、資本家はフランクリン・ルーズヴェルト大統領に救われた。ジョンは現在の怒りが右翼的なヘイトに向かうことを恐れていた。「[共産党による]有名な言葉がある。事態は悪くなればなるほど良くなる、というものだ。今の現実は、事態は悪くなればなるほど悪くなる、だよ」

実を言うと、私は本の中で彼の不安をトーンダウンしていた。アメリカ人が扇動政治家や独裁主義者を選ぶことは避けられないというのは、あまりに非現実的な予測に思えたからだ。だがもちろん、彼は正しかった。予言は二〇年早かった。

というわけで、今回私は、ヤングスタウンの北端にある彼らの夏の別荘に車を停めたとき、このパンデミック不況や二〇二〇年代にとってそれが何を意味するのかについて、ジョンとシェリーの考えをぜひ聞きたかった。私たちは裏庭で、周径が四メートルある樹齢一五〇年のアカガシワの下に座った。

この地方の大きな変化の一つは、ヤングスタウン市内を襲った壊滅的な打撃が郊外までかなりの程度波及していることだ。

「オースティンタウンやポーランドやキャンフィールドといった周辺の町に行ってみろ。

何が見えると思う？　ものすごい数の売家だよ」ジョンは言った。「オースティンタウンは一九六〇年代に、ローズタウンのおかげでできた町だ。このあたり一帯に、郊外から人が逃げ出す現象が見られる。カネがないからだ。住民はフードバンクに向かっている。ピッツバーグでは車が列を作っているのが見られる。ある夜のニュースで、フードバンクに向かう車の列を映していた。ポンコツじゃない。高級車だったよ」

「私たちは今、とても難しい問題に直面している」シェリーが言った。「問題は短期間では解決しないと思うし、恐慌みたいに感じられるでしょうね。何十万もの人が家を失うことになる」

ジョンは一九九五年の予言を再度力説した――極右勢力の脅威は弱まらないだろう。「トランプは負けると思う。だが私は、『それがどうした？』と言う。今我々は、アメリカ経済はどうなるのか、アメリカの社会構造はどのようになるのか、都市部と郊外はどんな様子になるのかということに関して、転換点にある。二〇二四年の選挙は、将来を大きく左右するものになるだろう」。経済は壊滅し、ＦＲＢがどんどん紙幣を刷るせいで何兆ドルもの負債が発生し、税金は上がらざるをえない。二〇二一年から二〇二四年までのあいだ、革新主義者と右翼的権威主義者とのあいだで争いが行われるだろう。ジョンは、独裁者が勝つことを危惧している。

シェリーは異議を唱えた。「私は生まれつき、ジョンよりずっと楽天的なの。大恐慌はひどかったけど、そこから本当に素晴らしいことがいくつも生まれた」彼女はそう言って、社会保障制度などの創設を引き合いに出した。シェリーは、二〇二〇年代に主にＢＬＭ運動をきっかけとした新たな革新的変化が起こる可能性を予期している。「国民は、人ごとみたいに『すべてを解決してくれる独裁者がいてくれたらなあ』と言ったりしない。すごく強い反発がある」。ただしシェリーにも不安はある。ＢＬＭ運動がウォール・ストリート占拠運動のように尻すぼみに終わるかもしれないことだ。

「私とシェリーの意見が一致しているのは」ジョンは言った。「二〇二一年から二〇二四年の期間は紛争の場になることだ。一つのシステムが終焉を迎え、別のシステムが始まる。それがどんなものになるか、はっきりとはわからない」

私のスマートフォンに保存された砂漠の写真は、シェリーとジョンとともにいるこの快適な場所とは別世界に感じられる。それでいて、この荒廃した感じにはなじみがある。巨大なアカガシワの上方の枝のどこかでコマドリが鳴いている。はるか西から雷鳴が聞こえた。

「私が最新の著書で論じた多くの小説の、落書きバージョンみたいね」シェリーは二〇一八年に書いた『産業空洞化の半減期――労働者階級が書いた経済改革（*The Half-Life of Deindustrialization: Working-Class Writing about Economic Restructuring*）』（未邦訳）を引き合いに出した。労働者階級の子や孫が書いた小説、短編物語、映画、詩を考察した本だ。「長いあいだ、産業空洞化を研究する人たちはもっぱら何かが閉鎖することを話題にしてきた。私が話題にしたかったことの一つは、私が〝産業空洞化の半減期〟と呼ぶもののこと。彼らの子や孫が産業空洞化の真っただ中に生まれたという事実。それは彼らにとっての現実、人生そのもの……。『自分たちは最初から窮地に追い込まれている、生まれたときからドン底なんだ』という気持ちがある」

「それは一面的な見方だ」ジョンは言った。「誰がそれを書いたかはわかっていない。若者だとしたら、君が言っているとおりだろう。あるいは、生涯ずっとドン底だった人間かもしれない」

「老人が書いたとは思わない。だって、老人の気持ちは『私はあらゆることを正しく行ってきた、だけど今は窮地に追い込まれてる』ということだろうし、それは『生まれた瞬間からむちゃくちゃだ』とは違うから」シェリーは言った。

ジョンは、廃業したガソリンスタンドの外に描かれたアメリカ国旗に言及した最初の人物だった。

「こういう配置は、アメリカンドリームが今どこにあるのかという議論をはっきりと浮き彫りにする。いや、一五年前の言い方を借りるなら〝アメリカの悪夢〟かな? 一種の虚無主義が広がっている。この世は暗い。またしても、『さあ、これからどうしたらいい?』というわけだ。ほら、アメリカンドリームだよ。自分はいろいろな素晴らしいことをするための教育を受けたのに、事態は思ったように進んでくれない。さあ、これからどうしたらいい?」

「つまり、『大学の学位さえあったら幸せになれるはずだ』という考えね。ヤングスタウン州立大学での仕事の大部分は、そんな夢は欠陥だらけであなたたちは生まれたときからドン底だと学生に教えようとすることだ、という気がする」シェリーは元鉄鋼労働者の子や孫を教えることについてそう言った。「彼らはそれに反発した。大学生ならこう言うでしょう。『違う、僕はこの状況を乗り越えられる。必死で働くつもりだ。時間を注ぎ込み、カネを貯める。この状況から抜け出すために、あらゆることを正しく行うつもりだ』。彼らはよく私に心底腹を立てた、だって『先生は口を開けば、僕たちにはなんの希望もないと言っている』から。でも私は学生たちに言う。『あなたたちに希望がないと思ってるわけじゃない。事態があなたにとってうまく展開しなくてもそれはあなたたちの責任じゃない可能性が大きい、ということをわかってほしいだけ。あなたたちが充分努力しなかったからじゃない。充分賢くないからじゃない。システムが腐ってるからよ』。でも彼らはシステムを責めたがらない。若者は、自分の人生は自分でコントロールできると信じないとやっていけないのよ」

雨が激しく降りだし、私たちは家の中に避難した。私はウィルス感染が心配だったが、夫妻から距離を置いて向かい側のカウチに腰を下ろした。話が盛り上がっていたからだ。ウィルスなんてクソ食らえ。私はふと、二〇一八年にジョンと交わした会話を思い出した。私がその年ジョンと会ったとき、シェリーはまだワシントンにいた。ジョンは、私がその二年後に、廃業した砂漠のガソリンスタンドの落書きに見たようなものには、遺伝的な理由があるのかもしれないと言った。当時私は、ポッドキャストで公開する予定の、ヤングスタウン地域での合成麻薬過剰摂取による死者の多さをテーマにしたフィクションのためにリサーチをしていた。その夏ジョンと会ったとき、私はこの危機について質問した。

「後成説だよ」ジョンは答えた。

進化論で最も有名なのは言うまでもなくダーウィンだが、ジャン＝バティスト・ラマルクも部分的には正しかったように思える――後天的に獲得した性質も遺伝することがある、という説である。二〇〇年後、アトランタのエモリー大学で神経生物学者兼精神科医を務めるケリー・レスラーは、実験用マウスを用いてラマルクの説を証明した。マウスはチェリーやアーモンドに似た香りのアセトフェノンを嗅がされ、同時に弱い電気ショックを与えられた。その結果、電気が流れていないときでも、マウスはその香りからショックを連想するようになった。マウスは繁殖させられた。その子や孫も香りに反応した――人工生殖で生まれた場合でも。一部のDNAにはトラウマを〝学ぶ〟受容器があると考えられる。薬物の過剰摂取をするのは鉄鋼労働者の二世、三世だった。

「私は、私が八〇年代に見た人々と彼らはどう違うのだろうと考えた」ジョンは、工場閉鎖のあと自殺したり家庭内暴力の被害を受けたりした人々について言った。後成説と、成長期に家庭内で受けたストレスの組み合わせが、多くを説明している、とジョンは言う。自然プラス否定的な育児。「そういうことがさまざまな形で内在化して第二世代で発現することについては、誰も話題にしない。人々はあきらめてしまい、自分でなんとかするしかないと考えて去っていく。アイデンティティの抹消だ。コミュニティの抹消、コミュニティへの参加の抹消だよ」

二〇〇九年にヤングスタウンを訪れたとき、私は希望を探していた。そして見つけたのはイアン・ベニストンだった。鉄鋼工場が次々と閉鎖し、私が初めてヤングスタウンを訪れた一九八三年三月の、一カ月前に生まれた男性だ。彼の父親は、USスチールのオハイオ工場が閉鎖して職を失った労働者三五〇〇人のうちの一人だった。イアンは成長して故郷を離れた。私たちが出会う少し前に、故郷を修復して変革しようと戻ってきた。彼には、家々を修理し、あまりにも状態が悪い家は取り壊して、さびれた地域を復興させる計画があった。彼は私に、ヤングスタウンには三種類の人間がいると言った。工場が再建されると信じる老人、敗者、そしてイアンのように復活を考える者。彼は現実的だった。市全体ではなく、アイドラという一地区の改革から始めた。その取り組みから非営利団体〈ヤングスタウン地域開発コーポレーション（YNDC）〉が生まれた。私が二〇〇九年、数カ月後に再び訪れたとき、状況は既に改善しつつあった。家の修理は進んでいた。空き家は取り壊され、空き地には都市型農園ができ

〈ヤングスタウン地域開発コーポレーション〉の門の外に立つ
イアン・ベニストン。

ていた。

私は二〇二〇年、国を横断しはじめる前にイアンに電話をかけ、ローズタウン閉鎖とパンデミック不況を受けてヤングスタウン改善の取り組みがどうなっているのかを尋ねた。

「それは難しい質問だな」イアンは神経質な笑いを漏らした。「僕たちにとって、状況はタフだろう。いつでもタフなんだ。簡単じゃない。あんたのお友達のジョン・ルッソは、僕たちはしおれて死ぬしかないと言う。僕たちにできることは何もない、と」

その朝私が〈ＹＮＤＣ〉本部まで車で行ったとき、ジョンはイアンと並んで立っていた。そこは現在、何台ものトラック、ベーカリー、何列もの太陽光パネルによって一部分電力を供給された建物を備えた、広大な作戦本部になっている。フルタイムの職員は二〇人おり、助成金と、改装した家やアパートの賃貸収入を資金源としている。私が最後に来た二〇〇九年以降、この非営利団体は一五〇の空きビルを改修し、所有者が住む家五〇〇軒を修理した。さらに、とイアンは言う。「ほかにもたくさん、居住地域にとって基本的なことをした。歩道の作り直し、公園の修理、何百本もの植樹、何千もの空き不動産の片づけ」。二〇〇九年には、放棄された建物は四五七八棟あった。今は一八〇〇棟だ。都市計画には、まだ活気のある地域を救ってその他の地域は草原になるに任せるという〝賢い縮小（スマートシュリンク）〟が含まれている。

イアンはジョンのほうを向いた。今朝私がイアンに案内してもらうと知って、ジョンも同行したいと頼んでいたのだ。「あなたは、僕たちは荷物をまとめて立ち去るべきだ、ヤングスタウンは閉鎖すべきだとおっしゃいましたね」。そうしてイアンとジョンが丁々発止やり合っているとき、私にはそれが、希望を持つ若者ともっと深く暗い現実を見る年配者との議論だと思えなかった。そこには何か別のものがある。

「君は、私がヤングスタウンについていいことは何も言わないと思っているね」ジョンは言った。「でも、それは大きな間違いだ」

ジョンは、産業が空洞化した社会について話すため自分とシェリーが世界銀行の会議に招かれたことを話した。「ウェストバージニア州や南アフリカやポーランドでの鉱業を研究している人々がいる。こうしたコミュニティはどうしたら生き延びられるのか？　すると、ある男が言った。『もう観念して、コミュニティごと国内の別の場所に移すしかないと思う』。私は『だが、再生プロジェクトはどうなんだ？』と尋ねた」。ジョンは、イアンの非営利団体がしていることを褒め称えたという。とはいえ「長期的に見て、それが経済的に継続可能かどうかはわからない。仕事がなくてここにとどまったら、私たちは打撃を受けることになるだろう」。パンデミック不況が事態をいっそう悪化させている、とジョンは言う。「この地域の多くの人がサービス産業に従事している。彼らは再び小売りやサービスの仕事につけるのか？　これは仕事と住まいを維持するための戦いだが、今はもっと範囲が広がっている。なぜなら、ヤングスタウンの物語はアメリカの物語でありつづけるからだ」

イアンの返事はまるで禅問答だった――彼はアメリカを修復できないけれど、アイドラなどいくつかの地区を、自分が把握できるものをコントロールして修復することはできる。〈YNDC〉に新たな産業や仕事を持ってくる力はない。でもこの街を魅力的にすることは可能だ。「あんたが来る直前、僕はジョンに言っていたんだ。基本的なことを進めていかなくてはならないって。草も刈れないなら、どうしてヤングスタウンに会社を置いてもらえる？　地面の穴ぼこも直せないなら？　パンデミックの利点は、仕事は場所を選ばないというのがわかったことだ」。イアンによると、カリフォルニアから二人の人間がやってきたという。彼らは西海岸の高い家賃から逃れるためにアイドラの土地を買っていった。西海岸の人は豪邸に住んでいるのだ。

私たちはマスクをつけ、窓を開けたジョンの車に乗り込んだ。ジョンがハンドルを握る。イアンは〈YNDC〉が修繕した多くの家々を指差した。レンガの家もあれば、堅木の床で高級な木造の広い住宅もある。この地区は広さ一八平方キロメートルのミル・クリーク・パークと境界を接している。池や鬱蒼とした森のある、牧歌的な雰囲気の公園だ（公園の横に、広さ三〇〇〇平方メートルの敷地に立つ寝室四つ、バスルーム三つ、簡易シャワー室一つの立派な邸宅がちょうど一〇万ドルで売りに出ていた。カリフォルニアの海岸地区なら優に一〇〇万ド

ジョン・ルッソ

ルを超えるだろう〉。「このあたりでは六万ドルから九万ドルで家が買える。高級なコミュニティを作ることができれば、ここに家を建てるメリットはある。僕たちの戦略は、いわば少しずつ切り売りすることなんだ」

しかし〈ＹＮＤＣ〉の力が及ばない深刻な問題も存在する、とイアンは言った。「すべてについて答えを知ってるわけじゃない。僕が知ってるのは、住民の多くは何をするスキルも持ってないということ。免許証はない、基本的な高校教育すら受けていない」。こういう社会的な問題に取り組まねばならない。「南側の一部の国勢統計区では、労働年齢の黒人の五〇パーセント以上が失業している。どうしてだ？」

〈ＹＮＤＣ〉が試みた雇用創出策の一つは都市農業だ。だがそれは失敗に終わり、〈ＹＮＤＣ〉は手を引いた。「雇用を生み出せなかった」イアンは言った。それは残念だった。多くの市街地において、都市農業は多少の収入を生み出す達成可能な解決策に思えたのだが。イアンは、多くの問題があったと言った。空き地がばらばらに存在しているため大規模な農園が作れなかったこと、人件費がかかりすぎること、大都市圏郊外に広い農地が非常に多く存在すること。ここはニューヨーク・シティではないのだ。結局、農園は雑草だらけになった。「空き地については、僕はみんなに草や木を植えるように言ってる。草を刈るほうがずっと簡単だから」

私たちは、郊外の衰退がどんどん広がっていることについて話し合った。閉鎖したＧＭの工場に近いオースティンタウンの住宅の大部分は、一九六〇年代に建てられた広さ八〇平方メートルほどの規格型コンクリート住宅だ。イアンは、そういう家を救うのは無理だと言う。放棄されて朽ち果てた家々の霊がさまよっている。「僕たちがここヤングスタウンでやってることは、本当は六つの郡を合わせた地域一体でやらなくちゃならないんだ」イアンは言った。荒廃は至るところに見られる――近くのペンシルベニア州シャロンやニューカッスル、すぐ北のウォレン、南側のマホーニング川流域、オハイオ川流域。「イーストリバプールの半分は、まるで爆撃されたみたいだよ」

イアンに、自分が重点を置いている地域やヤングスタウンのそれ以外の地域を越えて他の郡の問題に対処する能力――そして資金――はない。アイドラは三〇ブロックから成る地区だ。〈YNDC〉が活動している地域はほかにいくつかあるが、活動の中心はアイドラである。

その後、ドライブが終わりに差しかかったとき、イアンはにっこり笑った。フロントガラス越しに、自分の力が及ぶ地域の美しさが見えたのだ。彼は指差した。「その角を曲がったら、僕たちがここに新しく家を建てた理由がわかるよ。この地区のほかのところはほぼ無傷なんだ。だから、この道路沿いの家を壊して空き地を九も一〇も作りたくなかった。ここは本当にいいところだ。ほら、そこを抜けたら見えるよ……」

第七部
もしも二〇二〇年代が
一九三〇年代だったら

IF 20S ARE 30S

もしも二〇二〇年代が一九三〇年代だったら

『共和国が耐えられないほど重くなったら、カエサルが運んでくれる。
人生が憎しみに満ちたなら、力がある。（後略）』
――ロビンソン・ジェファーズ、『壊れたバランス』、ジェームズ・ローティ著『人生がもっと良い場所（*Where Life Is Better*）』（未邦訳）内での引用

一九三五年二月二七日午後二時過ぎ、当時四四歳のジェームズ・ローティは保安官代理にカリフォルニア州インペリアル郡の東の境界線まで連れていかれ、アリゾナ州の警察官に引き渡された。彼はその前の晩を、共産主義的活動に従事した容疑で逮捕されて留置所で過ごしていた。ローティは『ロサンゼルス・タイムズ』紙の記事でこう紹介されている。『常連の書評家、広告を研究した最新刊『我らが主人の声（*Our Master's Voice*）』（未邦訳）の著者。（中略）『ニューヨーク・イブニング・ポスト』紙の通信員、そしてニューヨークで出版されているリベラルな週刊誌『ネーション』の寄稿家として、全米を旅しているという』。別の短い記事によると、

翌日、アリゾナ州ユマの近くで『ローティは（中略）ここから東に八キロのところでアリゾナ福祉局が運営する臨時キャンプの調査を試みたが阻止された、と当局は発表した』

その年のローティの旅は『人生がもっと良い場所――感傷的でないアメリカの旅（*Where Life Is Better: An Unsentimental American Journey*）』（未邦訳）にまとめられ、一九三六年初頭に刊行された。彼は何カ月もかけて農夫、鉄鋼の町の労働者、炭鉱夫、詩人ロビンソン・ジェファーズやルイジアナ州上院議員ヒューイ・ロングなどの有名人と話をした（ヒューイ・ロングはその後間もなく暗殺された）。

ローティは辛辣な男だった。大恐慌の真っ最中のアメリカを旅し、インペリアル郡保安官に手荒な扱いを受けたことで、いっそう辛辣になったのかもしれない。彼は序文で自分が耳にしたことについて書いた。

> ビジネスは〝持ち直す〟だろう。すぐそこの空間や時間の境界を越えたら、人生はよくなるだろう――違うものではなく、もっと〝いい〟ものに。ごくわずかな例外を除くと、私が道で拾ったヒッチハイカーたちは、地方の商工会議所会頭たちと同じくこんな白昼夢を抱いていた。（中略）二万五〇〇〇キロに及ぶ旅で遭遇したものの中で、アメリカのこういう思い込みへの依存ほど、不愉快であきれ果てたものはない。どう

やら、いくら飢えてもこの依存症からは脱却できないようだ。私が見出した数々の事実の中で、最も重大で最も危険に思われたのは、若者が怠惰で無責任にも真実に向き合ったりそれを口にしたりすることができないという、とんでもない事実である。

第一次世界大戦でPTSDを負った退役軍人のローティは、フランクリン・ルーズヴェルトのニューディール政策を嫌悪し、それを〝虚偽の改革〟と呼んだ。彼がどこへ行っても、人々はこの国の経済不振の打開策として戦争を口にしていた。戦争は仕事を意味した。

九五パーセントの国民は問題を知らない。それなのに答えを知っている。直感的に知っている。「また戦争をしない限り、事態は改善しない」。大陸を横断する中で、何度こういうセリフを聞いたことか！（中略）これらの九五パーセントは、社会主義や共産主義や平和主義の教育を受けていない。だが彼らは答えを知っている。彼らが特別それに賛成しているわけではない。単にあきらめているのだ。（中略）戦争が解決してくれるだろう、と彼らは感じていた。戦争は最終的な災厄を先延ばしして悪化させているだけだと薄々感づいていた者も、いるにはいたのだが。

ローティの著作は、一九三〇年代半ばから末にかけて多く刊行された、ノンフィクションのアメリカ旅行記の一つである。ほかには、一九三五年のシャーウッド・アンダーソン著『混迷するアメリカ（*Puzzled America*）』（未邦訳）、一九三五年のジョン・スピヴァク著『障壁に直面するアメリカ（*America Faces the Barricades*）』（未邦訳）、一九三七年のアースキン・コールドウェルとマーガレット・バーク゠ホワイト著『あなたたちが見た彼らの顔（*You Have Seen Their Faces*）』（未邦訳）、一九三八年のルイス・アダミック著『私のアメリカ（*My America*）』（未邦訳）などがある（一九三六年にリサーチして一九四一年に出版されたジェームズ・エイジーとウォーカー・エヴァンス著『誉れ高き人々をたたえよう（*Let Us Now Praise Famous Men*）』（未邦訳）は除外した。旅行記ではなく、アラバマ州のある山で暮らす小作農家三家族を描いた本だからだ）。これは決定的なリストではなく、私が読んだ本の一部である。

それぞれの著者は、さまざまなアメリカ人と話してその姿を読者に示し、この国の空気をつかもうとしている。ただし、質という点ではかなり差がある。最悪なのはコールドウェルとバーク゠ホワイトの共著だ。著者が自分に都合よく利用している感じのする写真が多いし、「どうしていいかわからないほど子どもがたくさんいる。子どもはまるで夏のメロンみたいにぞろぞろ生まれてくる」などのような、匿名の人たちによる思わず身をすくめたくなる発言にあふれている。次に悪いのはアンダーソンの著書だ。ローティはここから自らの本の副題を考えついたのかもしれない。つまり感傷的過ぎるのだ。私は何年も前にこの本を読みはじめたが、どうしても終わりまで読むことはできなかった。『ワシントン・ポスト』紙の書評は『混迷するアメリカ』について、『たとえアルファベット順に並べた報道資料でも、ルーズヴェルトやその取り巻きにとって、この本よりは元気づけられるだろう』としている。『ニューヨーク・ヘラルド・トリビューン』紙は次のようにアンダーソンを評した。

南部の織物工場のストライキへの言及はなく、黒人の弾圧への言及もなく、ヒューイ・ロングがルイジアナ州に事実上のファシスト国家を設立したことを示唆する言葉もない。（中略）思索にふけるとき、彼は混乱した思いが渦巻く夢の世界に入り込む。〝混迷するアメリカ〟はこの国の心理状態を描写するのに適切なフレーズだ。だが、そこには混迷するシャーウッド・アンダーソンが存在する。

部分的にだが最もいいのは、現在は忘れられているアダミックの作品だ。ただし実際のところ、これは二冊の内容が一冊になった本である。前半はアメリカに移住した彼の回顧録、後半は大恐慌に関する記述。アダミックはこの国が陥った苦境を深く掘り下げ、見事な筆致で伝えている。声に出して読むと現代のポッドキャストに聞こえそうな記述も多い。最も優れているのは「大規模〝無許可石炭採掘〟産業」と題された章である。これは『ネーション』誌に寄稿したもので、失業した炭鉱夫が違法な坑道――ペンシルベニア州の企業所有地にシャベルを使って手で掘った小さな炭坑――を掘り、〝盗んだ〟石炭をニューヨーク・シティの闇市場で売っていたことを綴っている。次の章、「〝共産主義者〟とアメリカの基本原理に関する覚書」では、アダミックは田舎の無許可石炭採掘夫たちを革命家にするためニューヨーク・シティから来た理想主義的な若い共産党オルグの集団について書いている。一九三〇年のユニオンスクエアの〝暴動〟を見たアメリカの資本主義者はソビエトで起こったボルシェヴィキ革命のアメリカ版を恐れるようになっていたが、これら共産党オルグの滑稽なまでの失敗は、そんな暴動が二度と起こらないだろうことを示した。とはいえ、その恐怖があったからこそ、ルーズヴェルト大統領は資本主義を破綻から救わねばならないという気になったのだ。もしアダミックの本がウォール・ストリートで広く読まれていたなら、ルーズヴェルトの政策は失敗に終わったかもしれない。

それでも、共産主義がアメリカ合衆国にやってくるという〝危険〟は、多くのアメリカ人がその時代の歴史を描いた物語に依然として刷り込まれている。だがこの懸念は、のちにＨＢＯのミニシリーズとして映像化もされたフィリップ・ロスの小説、『プロット・アゲンスト・アメリカ――もしもアメリカが……』（集英社、柴田元幸訳、二〇一四年）によって幾分払拭された。主人公の飛行士チャールズ・リンドバーグが大統領に選出されてアメリカをファシズムに向かわせるという話である。このロスの小説は現実を反映している。一九三〇年代の進行とともに、この国は左翼から右翼へと傾いていった。ローティは一九三六年に著書でこう書いた。『社会的・経済的無政府主義のため国の情勢は急速に悪化しており、流れは間違いなくファシズムに向かっている』

パンデミックの中をカリフォルニアから東へと車を走らせているとき、私の頭にあったのはこうした本や一九三〇年代のいくつかの記事だった。もちろん、この種の作品には限界がある。私が見たり経験したりしたのは、予備的なインタビューのあと実際に人と会って企画できたことや、思わぬ偶然で遭遇したことだけだ。しかも、ほんの二週間ほどの短い旅だった。だが私には、落書きについての答えを求めるようになるまでも報道にかかわってきた長い歳月の重みがある。一九八二年以来、アメリカ国内を約八〇万キロメートル旅して人々の声に耳を傾け、それをこれまで発表した記事や著書で紹介してきた。一九九一年に教鞭を執りはじめてからは、スタンフォード、コロンビア両大学での社会問題記述的報道講座の学生たちに、一九三〇年代を研究することを勧めている。今世紀の〝一九三〇年代〟に突入しつつある今、当時について少し知っておいて損はないだろう。一九三五年から一九三八年までのあいだにこの国を探索したローティやアダミックなどと同じく、私も今後何が起こるかは知らない。しかし、過去は序章なりという決まり文句が真実だとしたら、三〇年代を知れば次に——特に、ジョン・ルッソとシェリー・リンコンが指摘した二〇二一年から二〇二四年までの非常に重要な期間に——来ることに備えられるかもしれない。

一九三〇年代の記録作家が書き残したことと、私がこれまで行ってきた大陸横断の旅には、類似点と相違点とがある。

ローティと同じく私も、一九八〇年代初頭、戦争が経済をよくしてくれるかもしれないと人々が言うのをいつも耳にしていた。八〇年代が終わる頃には、そういう声は聞かれなくなった。近年はまったく聞こえてこない。

一九八〇年代初めに仕事を探す新たな浮浪者たちとともに列車に乗ったときには、楽観論が聞こえた。一九九〇年代から二〇〇〇年代になると、それも変わった。私が会った大多数は、自分たちの人生はよくならないだろうと感じていた。そして過去二〇年間は、恒久的な仕事を探すため旅をする人々と出くわすこともなくなかった。会ったのは、季節的な倉庫の仕事のため各地を渡り歩く者たちだけだった。解雇されて車で放浪したりワゴン車で寝泊まりしたりする人々は、別の場所へ行っても人生はよくならないことを知っている。ローティならこの悲観論を知ってほくそ笑んだかもしれないが、現代の希望の欠如はきわめて痛ましい。

私の発見でシャーウッド・アンダーソンと共通しているものが一つだけある。自己責任論だ。彼の行く先々で、こう言う人たちがいた。「私はこのアメリカという図式の中で失敗をした。それは私自身の責任だ」、「悪いのは私だ。私があまり賢くなかったからだ」。私も、二〇二〇年にもそれ以外の年にも、サクラメントのホームレス・キャンプで似たような感想を耳にした。

そして、あらゆる時代に不変のもの——それは今後の経済への不安である。

二〇二一年から二〇二四年までのあいだ、経済は紛争の場となるだろう。パンデミック終息とともに経済がV字回復するという希望は実現しそうにない。問題は、経済がゆっくり上昇するU字回復を見せるか、それとも大きなD［Great Depression＝大恐慌のこと］になるかだ。

ソビエトの経済学者ニコライ・コンドラチエフが提唱した長期波動説を信じるなら、ここ二〇年ほどはいつ恐慌が起こっても仕方がない状況にある。彼の説では、資本主義経済は数十年続くジェットコースターのようなものだという——好景気で上昇し、頂点に達し、不況になって下降する。コドラチエフは一七〇〇年代からこのような長期の波が五つ起こっているとした。どれも四〇年～六〇年の周期である。コンドラチエフは一九三八年にスターリン政権下で処刑され、現代の経済学者は彼のことを無視している。ところが近年、コンドラチエフが話題にのぼることが増えている。『ワシントン・ポスト』紙にビジネスと経済のコラムを寄稿していたロバート・サミュエルソンは、二〇二〇年初夏、引退の直前に書いた。

私はコンドラチエフの長期波動説を嘲りと疑いの気持ちで見ていた。長期波動は、どんなによく言っても、まともな経済周期としては長過ぎるし、一つ一つの性質はばらばらに思えた。悪く言えば、それはクズ経済学、調べれば調べるほどボロが出るような利口ぶった考えだった。（中略）私はまだコンドラチエフ派に入ってはいない。だが今はもっと偏見のない目で見ている。私が確かに知っているのは、現在の経済学の枠組みはあまり人々の役に立っていないということだ。（中略）私たちは危険の縁に立っている。

現在がコンドラチエフの言う〝谷〟の時期に突入しているのだとしたら、ドナルド・トランプのせいで勢力を増した進歩主義的ポピュリズムという形で事態が進展すると思い込むのは危険だろう。失業者が大量に発生する不況は、進歩主義的ポピュリズムと暗愚なポピュリズムに乗ずる独裁主義との争いをもたらす可能性がある。もしも、クレージーでなく頭のいいトランプが現れたなら、その人物は現実のトランプがアメリカ民主主義にもたらした脅威に打ち勝つかもしれない。

我々は、ツイッターなどのソーシャルメディアや、フォックス・ニュースやワン・アメリカ・ニュース・ネットワークといった保守系放送局を、Qアノンのような極右思想の原動力であり、以前なら物陰に潜んでいたであろう感情や行動を拡大させていると考える。だが実は、ソーシャルメディアのプラットフォームやテレビが登場するずっと前から、右翼やファシスト思想はアメリカ文化に深く浸透していた。こうした思想の広がりを認識した初期の活動家は、カンザスシティ出身のユニテリアン派牧師L・M・バークヘッドだった。一九三五年、バークヘッドはイタリアとドイツの独裁政府を調査するためヨーロッパに赴いた。ニュルンベルクで、ナチスのプロパガンダの中核的な反ユダヤ系新聞『シュテュルマー』紙のオフィスへ行った。その創設者であり発行人は、熱狂的な反ユダヤ主義者ユリウス・シュトライヒャー。アドルフ・ヒトラーのお気に入りだったシュトライヒャーは、のちに一九三八年の大規模な反ユダヤ暴動〝水晶の夜〟で中心的役割を担うことになる。彼に脚光を浴びせたヘイトの灯が消えるのは、一九四六年、彼がニュルンベルクの刑務所で連合国によって絞首刑に処せられたときだった。『アメリカには、一般のアメリカ人が知らない反ユダヤ的集団やリーダーたち、シュトライヒャーの協力やインスピレーションにより合衆国内で彼の計画や手法を模倣しようとする反ユダヤ主義的アメリカ人が存在する（中略）ということを、私は知った』バークヘッドは『ボルティモア・サン』紙に送った原稿でそう書いた。

一九三八年、バークヘッドはナチスやファシズムと連携するアメリカ合衆国内八〇〇の〝反民主主義的〟組織のリストを発表した。彼は、アメリカ人の三人に一人がファシズム的なものに触れていると述べ、その一部はドイツから発せられるプロパガンダだとした。当時のソーシャルメディアやテレビに相当するものは、一九二〇年代に普及した新たなテクノロジーのラジオだった。一九三〇年代には、カトリックの神父チャールズ・E・コグリンが、アメリカ初のメディア界の極右スターとなった。一九三四年、ラジオを通じた彼のヘイトスピーチは一〇〇〇万人のリスナーの耳に届いた。一九三八年、彼の番組は反ユダヤ的プロパガンダを引用し、虚偽の主張を行った。私はその後に起こったことを『繁栄からこぼれ落ちたもうひとつのアメリカ』に書いている。

ニューヨーク・シティのラジオ局WMCAは、コグリンが前もって原稿を提出しない限り、今後コグリンの番組を放送しないと宣言した。だがコグリンは拒否した。ドイツでは、ナチスの報道機関はコグリンを弁護し、『ツヴォルフ・ウアー・ブラッド』紙は「アメリカ人は真実を聞かせてもらえない」という見出しを掲げた。

左翼系の〝ポピュラー・フロント〟組織に対抗して、〈クリスチャン・フロント〉という新しい組織が生まれた。〈クリスチャン・フロント〉は反ユダヤ主義者を引きつけている。一九三八年一二月一五日、六〇〇〇人がニューヨーク・シティの公会堂に集まって、コグリンを賛美し、ルーズヴェルトを罵倒した。一二月一八日、〈クリスチャン・フロント〉は二〇〇〇人のコグリン支持者を集めてWMCAまでデモ行進を行った。

知識人は合衆国内においてファシズムの傾向が芽生えていると警告していたが、大恐慌のこの時点まで実際に動員されたことはほとんどなかった。だが今や、実力行使が始まっていた。

コグリンは〝軍隊〟の結成を呼びかけた。一九三九年五月二一日、毎日WMCAで監視を行っているコグリン支持者はタイムズスクエアまでデモ行進し、『ニューヨーク・タイムズ』紙によれば〝一連の暴力事件〟を起こした。相手は反コグリンの出版物を売っている人々だった。

一九三九年二月、マディソンスクエア・ガーデンで開かれたナチス集会には二万人が集まった。主催したのは政治家フリッツ・ユリウス・クーン率いるドイツ系アメリカ人協会。その集会は、マーシャル・カレーが監督、ローラ・ポイトラスとシャーロット・クックが制作を務めた二〇一七年のドキュメンタリー映画『庭での夜』で詳しく描かれている。古い映像はヒトラーのニュース映画によく似ている。きわめつけは、無数の腕がいっせいに上げられて

「勝利万歳（ジーク・ハイル）」と叫ぶ場面。レニ・リーフェンシュタール監督のそういうニュース映画との違いは、舞台の奥に掲げられているのがアメリカ国旗であることだけだ。

一九三九年を通じて、ニューヨーク・シティでは過激な暴力が横行した。そのことは、私が読んだ中でこの時代に関する最も優れた記述、一九四〇年に『ハーパーズ・マガジン』誌に掲載された『アメリカのファシストたち』という九〇〇〇語の記事で報じられている。書いたのはデール・クレーマー。農民抗議活動の研究から、ジャーナリストのヘイウッド・ブルーンや『ザ・ニューヨーカー』誌の共同設立者兼編集者ハロルド・ロスの伝記まで、幅広いテーマに関する九冊の本を著した、アイオワ州出身の新聞記者である。

クレーマーは掘り下げた取材を行い、次のように書いた。

警察の裁判記録の分析から、驚くべき話が明らかになった——できるだけ公表しないほうがいいという新聞編集者の判断により一般大衆から隠されていたニュースである。若い不良によるギャング団が深夜、地下鉄のプラットフォームでユダヤ人を侮辱して歩いているという。好んで行われるのは、恋人の目の前でユダヤ人の若い女性をからかうことだ。こうして挑発された恋人は殴りかかるが、数の力によって返り討ちに遭う。アーヴィング・バーガーという若者は、グランドセントラル駅で起こったそのような喧嘩で刺され、重傷を負った。

〈クリスチャン・フロント〉から派生したグループの一つが〈クリスチャン・モビライザーズ〉である。この二つの団体には非常に多くのメンバーがいた。『八月、ファシスト活動の〝体温表〟をつけていた警察は、市長の［フィオレロ・］ラガーディアに、合計二万人以上が出席する五〇の集会が毎週開かれていると報告した』とクレーマーは書いた。彼の記者魂は、厳然たる事実に関心を持っていた。『一九三九年の夏、［二三〇人］以上が暴動に関係したとして起訴され、一〇一人が有罪判決を受けた。少々皮肉なことだが、記録によると、法の重みを感じたのはファシストよりもファシスト相手に戦った人のほうが多かった。起訴されたのはファシストが一〇六人、対抗者が一二七人だった』

どんな時代でも、地球上のどんな場所でも、不況はヘイト運動の火に注がれる油である。作家ジェームズ・カーヴィルが一九九二年に「経済だよ、バカめが」と言ったことはよく知られている。私は、アイオワ州デニソンでネイサン・マートと地方経済について交わした会話を覚えている。彼は小さな市の市長という視点から、その地での状況は国の状況を映し出していると言った。「異常なのは、砂の中に頭を突っ込んでも何も起こらないということだ」我々の社会は道路に缶を蹴った［「事態への対応を先送りする」という意味の慣用表現］と私が言ったことに対して、彼はそう答え、付け加えて言った。「遅かれ早かれ、缶のほうが僕たちを蹴り返してくるよ」。ヘイト集団への対策は、実は経済的公平さの問題である。もしも多様なアメリカ人が社会の富を分かち合っていれば、ヘイト集団は非主流派にとどまり、新たなメンバーを集めるのに苦労するだろう。私は別の著書でもクレーマーの記事の最終段落を紹介したが、それが伝える予言（正確だが、実現するには何十年もかかるという意味では外れている）やメッセージを考えると、再掲する値打ちはあるだろう。

戦争が引き起こす混乱の中から強大な運動が組織化するには時間がかかるだろう。だが、偏見政治［のテクニック］は充分学ばれているので、もしも経済的不安定が続くなら、次の一〇年のあいだにアメリカ人が強力な〝ヘイト〟運動への対処を余儀なくされることに疑いの余地はない。自由を放棄することなく守るためには、充分に警戒しておくべきである。

第八部
ニューヨーク・シティ

NEW YORK CITY

再びアメリカンドリームを

作業中の炭鉱夫を見れば、さまざまな人々がどれほど異なる世界に住んでいるかが瞬時にわかる。石炭が掘られている地底は、人がそれについて一生何も耳にせずにすむような、完全に隔絶した世界だ。おそらく大多数の人々は、できればそれについて何も耳にしたくないだろう。それでも炭坑は、地上の世界にとって絶対に必要な片割れである。アイスクリームを食べることから大西洋を横断することまで、パンを焼くことから小説を書くことまで、我々が行うほぼすべての活動は直接的・間接的に石炭の使用を伴っている。平和時のあらゆる芸術にとって、石炭は必要だ。戦争が勃発したら、石炭はさらに必要となる。（中略）ヒトラーが上げ足歩調で行進するためにも、ローマ教皇がボルシェヴィキ思想を糾弾するためにも、クリケットのチームがローズ競技場に集まるためにも、ナンシー派の詩人たちが互いを称え合うためにも、石炭がなければならない。なのに、概して我々はそのことを意識していない。〝石炭がなければならない〟ことは誰でも知っているのに、石炭を確保するために何が行われているかを思い出すことは、めったに、あるいはまったくない。

——ジョージ・オーウェル、『ウィガン波止場への道』（筑摩書房、土屋宏之・上野勇訳、一九九六年）

ロサンゼルスでは、マルホランドからサンセットへと続く渓谷で門や壁に囲まれて暮らすことも、幹線道路一一〇号線沿いのサウス・グランド・アベニューなどに停めたトレーラーハウスや乗用車で寝泊まりする人々の不愉快な視線にさらされることなく車でスーパーマーケットの〈トレーダー・ジョーズ〉や〈ホールフーズ〉まで行ってスターの世界へまた戻ることもできる。北部のシリコンバレーの中心地では、貧乏人は用心深く規制されている。パロアルト市では一九九七年に歩道で座る(シット)ことや横になる(ライ・ダウン)ことを禁じる〝シット・ライ条例〟が成立したが、真の狙いは物乞いを締め出すことだ。この措置は憲法違反とされる可能性もあったが、裁判所によって認められた。二〇一三年、市は車の中で寝ることを違法とした。また、ユニバーシティ・アベニューを囲む地域の道路を、受動攻撃的な配色を用いて管理している——紫、珊瑚色、黄緑、青でゾーン分けする標識を設けた。駐車制限時間は二時間。午前八時から同日午後五時までのあいだ、市を訪れた人が車を別のゾーンに移動させたら違反切符が切られる。ほとんどの家には私道がついていて路上駐車の必要はないが、住民はよそ者に広い空きスペースを使わせたくないのだ。この貧しかった市の人口の四〇パーセント以上が黒人だった一九九〇年代(現在は一七パーセント以下)、イーストパロアルト方面から市内に車で通うアフリカ系アメリカ人の学生は、しょっちゅうパロアルトの警官に職務質問されると話していた。スタンフォードの学生証を見せたら、すぐに乗り入れを許されたという。

カリフォルニアでは長年、富裕層は文字どおりにも比喩的にも、自らの周りに壁を築いてきた。私は『マザージョーンズ』誌に、壁で囲んだ初期の〝コミュニティ〟の一つについて書いたことがある。カリフォルニア州デイナポイントのモナークベイである。最初に見たのは一九八〇年だった。『私が初めて訪問して以降、壁は増殖している』私は一九九四年の記事でそう書いた。『面積一六平方キロメートルの沿岸都市の三分の一ほどが、壁で囲んだ——地元の言い方では〝ゲートで守られた〟——部外者立入禁止の一七のコミュニティになっている。市の真ん中にはラテン系の地区がある』。壁は、私が一九八四年に内戦について報じたエルサルバドルの首都サンサルバドルを思い起こさせた。作家ジョーン・ディディオンは、サンサルバドルの独裁政治家たちは壁の後ろに隠れていると述べた。恐怖が募るにつれて「壁の上に壁が築かれ」、壁はどんどん高くなっていった。

ニューヨーク・シティでは、たとえパーク・アベニューやアッパー・ウェスト・サイドやアッパー・イースト・サイドに住んでいたり、ウェストチェスター郡から通勤していたりしたとしても、貧乏人を避けることはできない。貧困は、物乞いのみならず、睡眠不足のまま地下鉄に乗ってその日二つ目か三つ目の仕事に出かける移民、電動自転車でグラブハブやウーバーイーツの配達を行う移民、居酒屋や市場で働く人々、リフトやウーバーの運転手などの形で、すぐ目の前に存在する。こういうものに精神的な影響を受けないためには、意識的に目を閉じていなければならない。要するに、この国の特徴である大きな階級格差について考えるのを避けるには、想像上の壁を築く必要があるのだ。ニューヨーク・シティは、貧困と直面するのを強いられる場所という意味では発展途上国に似ている。私が一九九一年に『ニューヨーク・タイムズ』紙に寄稿した論説を紹介しよう。

物乞いは、貧困のより大きな問題の一つの具体例にすぎない。彼らは、その出身地――ハーレムやブロンクスの借家――の悪夢を最も目に見えやすい形で思い出させる存在だ。彼らは使者のごとく現れて、すべてが順調というわけではないことを指摘する。彼らの一人一人が、我々の視界から隠されている何百、何千の悲惨な生活を送る人々を代表している。

一八八一年一二月の寒く風の強い日と、状況は少しでも違っているのだろうか――レフ・トルストイがモスクワの貧困の中心地であるキトロフ市場にやってきたときと。乞食の集団の様子にぎょっとした彼はポケットの中のものすべてを差し出したが、その結果ちょっとした騒ぎが起こった。トルストイは慰めを求めて友人の家へ行った。友人はトルストイに、貧乏人の存在は「文明がもたらす必然的な状況」だと言った。トルストイは目に涙を浮かべて叫んだ。「そんな生き方はだめだ。だめだ、だめだよ!」

やがてトルストイは『では、我々は何をすべきか? (*What Then Must We Do?*)』(未邦訳)という本を書いた。そこで彼は、社会は貧困に関して何ができるか、何をすべきかを問うた。その質問は今日でも有効だ。では、我々は何をすべきか?

だが現実には、社会は何をしているのか? 我々は地下鉄からホームレスを一掃している。リベラルな市長のデヴィッド・ディンキンズも、その計画を支持している。他の点では進歩的な多くの人々も支持している。反対しているのは、ホームレスのきわめて熱心な友人たちだけである。

私は、今や厚さ五センチにもなったファイルを持っている。そこには国じゅうのホームレス一掃計画が記録されている。新たな記録を追加するのはやめた。ホームレス一掃はもはやニュースにならないからだ。我々は問題を解決していない。視界から締め出しているにすぎない。

解決策は明らかだ。最低賃金を上げ、公営住宅を建て、精神療養施設を増やし、教育を施す、などなど。答えは皆が知っている。

それなのに、リベラル派も保守派も不寛容な社会を容認している。警察はリベラル派と保守派の要請を受けて貧民街を破壊している。少なくとも一九三〇年には、ホームレスにはフーバービルがあった。現在、選挙で選ばれた公職者たちは、リベラル派と保守派の要請を受けて、シェルターや低家賃の公営住宅に反対している。「うちの裏庭ではやめてくれ！」という声高な叫びに応えて。

我々は社会全体として彼らを嫌っている。

夜には目を閉じ、彼らの姿を視界から追い出す。しかし彼らは消え去らないのだ。

学者になった最初の頃、スタンフォード大学で小規模のジャーナリズムの講座を受け持っていた私は、自分をプードルばかりの小屋にいる猟犬になぞらえた。同じ建物の二つの学部に属する同僚たちと、私はまったく違っていた。私の知る限り、彼らは皆上流の特権階級の家庭で育ち、エリート大学に行っていた。まだ若かった私は、スクールバスを運転する母親と鉄鋼労働者の父親の息子として、自らのブルーカラーの育ちを強く意識していた。その後数十年で、特権階級の暮らしをし、アイビーリーグの大学で正教授の地位を得、この地位のレベルに付随する金銭的・心理的安心感を得るようになって――ラトガーズビジネススクールの准教授で友人のミシェル・ギッテルマン言うところの〝アメリカに残された最後の偉大な仕事の一つ〟を持つようになって――自分が部外者だという意識は薄れていった。言い換えれば、別の時代に生まれていたら抱いたであろう〝生まれたときからドン底〟という感覚を失ったのである。

ハドソン川にかかるジョージ・ワシントン橋を渡って戻った街は、以前とは様変わりしていた。新型コロナウィルスのため単に一時的に休業しているだけではない――お気に入りのレストランには〝廃業〟という看板がかかっていた。いくつものブロック全体が暗くなっている。話によれば、人々はニューヨークから逃げているらしい――永久に、と友人たちから教えられた。その後、データからも大量脱出が裏づけられた。『ニューヨーク・タイムズ』紙は、移転する会社はコロナ対応のための要求に応えられなかったと報じた。殺人事件は増えていた。悪名高い一九七五年の『ニューヨーク・デイリーニューズ』紙の見出し『フォードからシティへ――消え失せろ』（失業と中流階級の逃避に苦しむ経済破綻したニューヨークを救済するつもりはない、とフォード大統領が言ったことについての記事）に象徴されるニューヨーク・シティに向かっている感じがした。

戻って間もなく、私は卒業したばかりの学生たち数人と、ソーシャルディスタンスを保った屋外での飲み会を開いた。私は彼らに砂漠で撮った写真を見せた。スワイプして落書きを表示すると、ミーガン・カテルは間髪を入れずに言った。「それって二〇〇〇年世代のスローガンですよ」。ミーガンともう一人の学生は以前、ウィワーク（WeWork）が提供するスペースにオフィスが置かれた仕事をしたことがあった。二人はその建物が放棄されて自分たちが無断占拠することを空想した。「シャワーは素晴らしいんです」メーガンは言った。マンハッタンには無人のビルが多くある。会社は逃げ出したり、二度とオフィススペースを持つ計画を立てないことにしたりしている。だから、彼女たちの空想が現実離れしているとは思えなかった。ミーガンは、大学は今後対面授業をするつもりがあるのかとの疑問を抱いている。入学予定の学生にミーガンの友人が一人いて、講義はバーチャルだろうかと心配しているという。入学を希望する学生たちは授業がすべてオンラインなら入学延期も検討している、と言った者もいた。

これは国じゅうの何十万もの大学生に影響を与える重大な国家的問題だ。ハーバード大学は初夏に、すべての講義をオンラインで行うと発表した。その時点で、全大学の約三分の一がオンライン授業だけにすることを決めていた。秋の新学期が近づくにつれて、その割合は増えるだろう。『ニューヨーク・タイムズ』紙は高等教育の未来に疑問を呈し、あちこちで抗議行動が起こっていることを報じた。少なくとも三〇の家族が一流大学を相手に訴訟を起こした。「今、学生や親は『どんな価値があるのか？　キャンパスに足を踏み入れられないなら、価値は以前と同じなのか？』と言わざるをえなくなっている」と、ジョージタウン大学エデュノミクス研究所所長マルグリート・ローザは述べた。新聞は、ウィスコンシン大学マディソン校に入学予定の学生の言葉を引用した。「誰が金を払いたいだろう……ご立派なスカイプに？」

コロンビア大学ジャーナリズム大学院は、他のいくつかの大学と同じく〝ハイブリッド〟教育を行うと発表した。つまり、一部の授業はリスク軽減のための厳しい措置を講じて対面で行い、それ以外はオンラインで行うということだ。対面授業をする気はあるかと大学理事から尋ねられた私は、喜んで同意した。ウィルスには既に感染したと考えていたからだ。もしも抗体がなければ、旅のあいだに新型コロナウィルスに感染しただろう。大学は安全措置を講じている。マスクをつけていれば危険が最小限に抑えられることは研究によって明らかである。そして私はジャーナリストだ――爆発があれば、我々ジャーナリストは逃げ去るのではなく爆発のほうに走っていく。私は選び抜かれた同僚メンバーによるメールグループに入っており、彼らのほとんどはすべての授業をズームで行うことを望んでいた。中には健康面で高リスクのカテゴリーに分類される人もいる。もちろん私は彼らの選択を尊重しているし、そのように言った。だが私自身は対面で教えたいのでハイブリッド・モデルに参加したいという意思を表明すると、憤慨や怒りのメールが送りつけられるようになった。私は『オンラインだけだと価値のある経験はできないし、学生に法外な授業料を吹っかけることになる。完全にオンラインに移行したなら、途方もない影響があると思う。学生は減る。大学は金を失う。（中略）大学が完全なオンラインに移行するつもりなら、今年度の授業をキャンセルすることを提案する』と返信した。

今年度をキャンセルするという私の問題提起には誰も返事をしなかった。大学がジャーナリズムのフェニックス大学［営利目的で運営されオンライン授業を行うことで知られる大学。授業の質の低さが批判されることが多い］になることが、我々すべて、とりわけ学生たちに害を与えるかもしれないことは、誰も懸念していないようだった。そして、誰も自分の給料を返上するつもりはなさそうだった。修士課程の基本的な授業料は六万八九六〇ドル。修士課程の学生に与えられる奨学金の中間値は三万ドルで、応募する学生の六五パーセントはなんらかの財政援助を受ける。だが、たとえ学生の払うべき授業料が三万八九六〇ドルだけだとしても、授業料以外にも費用はかかる。その他の納付金や生活費用はおよそ四万七〇〇〇ドルになる。我々教授陣は、二週間ごとに銀行口座に振り込まれるカネのことだけを考え、学生にとっての価値は考えないのか？　パンデミックが、教室に来ることに関する強い不安を引き起こしたのは言うまでもない。しかし、ズームを用いた教育の根本的で否定しえない害が認識されないという事実は、我々が住む世界における特権の存在を露わにした。

階級による特権には必然的に傲慢さが伴う。ネブラスカ州知事への手紙で『ソーシャルディスタンスが求める潔癖さは、ノートパソコンで作業をする人々にしか意味を持たないものです』

と書いたスミスフィールド食品のCEOケネス・サリバンを非難し、食品加工工場でぎゅうぎゅう詰めになっている数千人の労働者を気遣わないことについてサリバンに義憤を覚えることはできる。だが我々――終身在職権のある仕事についている者、会社の経営者、ズーム経由でその他の仕事をする者――は、サリバンと何か違いがあるのか？ 豚肉を食べるなら、我々はそれが皿の上にあることを求める。ダルシー・カスタニェダの父親が仕事に行き、凍えそうな環境で互いに肩と肩を接して肉を刻み、我々がパンデミックの中を買い物に行くときスーパーマーケットに肉の在庫があることを期待する。そのスーパーマーケットで店員がポークチョップやソーセージ（あるいは菜食主義者用代替肉）の金額をレジに打ち込むことを期待する。店員は一日に八時間かそれ以上、ほんの一メートルほどの距離で何百人もの客と接しており、客の中にはレジ係の命には無頓着で、マスクをつけない者もいる。もし我々が家に閉じこもって、すべての食料を注文して配達してもらうのなら、農場の誰かが野菜や果物を収穫し、倉庫の誰かが箱詰めし、運転手がその箱を持ってくることを期待する。

USスチールのオハイオ工場が閉鎖されて取り壊される前、我々はイアン・ベニストンの父親が仕事についていることを期待した。彼の作った鉄筋は、今あなたが住んでいる家や働いている建物の基礎になっているかもしれない。我々は社会として、ミスター・ベニストンたちマホーニング・バレーでの仕事を失った五万人の鉄鋼労働者を助けるために何もしなかった。彼らは、たとえ過去には重宝がられたとしても、今はすっかり忘れ去られた。彼らも、その子どもたちの多くも、辛辣になり、憤慨した。そして、彼らの多くが自らの存在を我々に思い出させてドナルド・トランプに投票したら、我々は驚いたのだ。

カリフォルニアの人間の多くは、差し迫った立ち退きのあとベイエリアやロサンゼルス盆地にホームレスが大量に増えるのを見て、ぞっとすることになるだろう。〈ローブス・アンド・フィッシュズ〉のジョー・スミス、〈シャワー・オブ・ホープ〉のメル・ティレケラトネ、その他多くの非営利団体の物資は脅かされるだろう。それでも二〇二〇年、一部のカリフォルニア人は、土地区画規制を無効にして公共道路沿いの住宅密度を増やすことになる州上院法案が廃案になったことに喝采した。二〇一八年以来、サンフランシスコ選出の州上院民主党議員スコット・ウィーナーはこの法案を通そうと三度試みたが、自らの党の反対に遭った。党は、民主党色の非常に強い沿岸の郡に住む、郊外や都市のいわゆるリベラルの住民の利益を優先したのだ。反対者は〝地域主導〟や〝地区の高級化〟といった言葉を用いた。だがそれは、不動産の価値が下がったり低い階級の人間がすぐ近くに住んだりすることを恐れる人々にしか通用しない論理である。

我々は、自分だけの〝アイダホ〟［広くて自然が豊かな州］に住みたいと思っている。ホームレスや、一つの家に二家族以上がひしめき合って暮らす住宅不足の労働者階級は見たくない。また、オーウエルの時代のイギリス人が炭鉱夫のことを知りたくなかったのと同じく、我々は食肉加工工場や倉庫の労働者、店員、デリバリーの運転手について考えたくない。イギリスの社会主義者グループであるレフトブッククラブは一九三六年、イギリス北部における貧困と失業を調べるためオーウェルを派遣した。彼は課せられた責務の範囲を超えて仕事を持つ者についても調べ、炭坑に下りていって、資金提供者たちを怒らせた。オーウェルは社会主義に疑義を唱えたばかりか、階級について探索したからだ。『ある意味、炭鉱夫が働くのを見ると恥ずかしくもなった。〝知識人〟、優れた人間という自分の地位に、束の間疑問を感じてしまう』とオーウェルは書いた。

リベラルを自称する、所得額で上位一五パーセントに位置する我々が、共和党支持者や保守主義者を単純に非難することはできない。我々は〝カレン〟［尊大で人種差別主義的な中年白人女性を指す隠語］たちの国なのだ、ブラック・ライブズ・マターとの関連においても、階級という意味でも。

では、我々は何をすべきか？

本書のサブタイトル（Recalibrating the American Dream for the 2020s＝「二〇二〇年代のためのアメリカンドリームの再構築」）は、読者を処方箋的な解決策の長いリストに導くことを意図していない。それは本書の一〇倍の厚さがある本の役目であり、いずれにせよそんなリストを作ることに意味はない。何をなすべきかは、とっくの昔にわかっている。私の旅の目的は、道中で出会った人々の声を直接聞くことだった。彼らの返答からわかるのは、我々はアメリカンドリームを構築し直して参加条件を公平にし——それは絶対条件である——真の平等を生み出すといったお題目を現実のものにせねばならないということだ。そういう陳腐な表現を、広範囲のアメリカ人にとって本当に何かを意味するようよみがえらせるのである。ジョン・ルッソが言うように、次の中間選挙や二〇二四年の選挙でどのような選択がなされるかを決めるのは、これからの紛争の場である。だとしたら、我々すべてにとっての出発点は、貧困にあえぐ人々を実際に見て、彼らを健全な経済という概念に組み込むことだ。上層の人々だけでなく国民全員にとって役に立つ健全な経済に。

私は長年、前世紀の初期に生まれてくればよかったと思っていた。そうすれば一九三〇年代に作家になれただろう。危機がいやおうなく社会的変化をもたらした動的な時代に。ジェームズ・エイジーやルイス・アダミックやジョージ・オーウェルといった作家は、労働者階級の人々の暮らしぶりを探索した。私はずいぶん長く生きているので、今世紀の三〇年代の作家になることはできる。二〇二〇年代は一九三〇年代にやり残された仕事を提示している。アメリカのファシズムに関する記事を書いた、今は忘れられた新聞記者デール・クレーマーは、ヘイト・ムーブメントの隆盛を見事に予言した。第二次世界大戦は大恐慌とそういった動きを——しばらくは——終わらせたが、我々の文化に固有の問題に終止符を打ちはしなかった。ニューディールはかなりの苦しみを和らげはしたけれど、充分だったとは言えない。また、隔離、不平等な学校、経済的な不公正に通じる人種格差といった人種の問題は解決されなかった。全国民的なヘルスケアも実現しなかった。フランクリン・ルーズヴェルトは社会保障のための法律に連邦基金による健康保険システムを組み込もうとしたものの、米国医師会はその提案を却下した。ルーズヴェルトは不本意ながら議会が社会保障法を通すのを認めた。

願い事のリストは尽きない。連邦政府資金によるデイケアサービス、インフレに連動した最低賃金、地球温暖化や石油危機に対処するグリーン・ニューディール、ブラック・ライブズ・マター・ニューディール、などなど。これらの課題は、今後数年間の紛争の場においては保留にされるだろう。二〇二〇年の選挙で民主党が地滑り的な勝利をおさめるという夢は消え失せた。二〇二一年の決選投票においてジョージア州の未決の二議席を民主党が取らない限り、共和党が多数を占める上院は、バイデン／ハリス政権による労働者階級救済の試みを、民主党が議会の主導権を握る次の機会である中間選挙まで阻止するだろう［二〇二一年一月に行われた選挙において民主党は二議席を確保した］。トランプ後に共和党が分裂・崩壊すれば、増えつづける不運な民主党支持者が変革を起こせるようになるかもしれない。あるいは、民主党はいつものように、二〇二〇年にトランプに投票した七一〇〇万人余にアピールするためもっと〝中道寄り〟になれという党内の一部からの声を受けて内部分裂することになるのか? それは重大な過ちである。現在共和党を支持している数千万人の多くは、助けを求めて、投票という形で反乱を起こしたのだ。玉虫色の政策では二〇二四年の選挙で彼らを引きつけられない。共和党にすり寄るのは致命的だ。条件つき降伏をするのではなく、今こそ大胆な政策を打ち出すべきだ。行動によっていい仕事が生み出せる。私が取材した成功した雇用モデルは、労働者自身が経営に携わるクリーブランドのエバーグリーン協同組合法人である。これは資本主義のハイブリッド的形態であり、アメリカに何十万もの雇用をもたらす可能性がある。民主党が政策をどんどん打ち出したなら、一九三〇年代のニューディールをもしのぐ効果を発揮するかもしれない——富が分かち合えるようにアメリカンドリームを再構築し、独裁主義/ファシズムを支持する強硬な三分の一ほどの層を打ち砕いて七、八〇年間フォックス・ニュースの荒野をさまよわせるのだ。そののちに、我々はまたもや一九三〇年代や二〇二〇年代の未解決の問題に直面することになるかもしれないが。

いずれにせよ我々は、人々がより良い人生を夢見ることのできる場所に到達しなければならない。そんな夢を見ることに対して、ジェームズ・ローティは一九三五年にひどく失望したが、それは誤りだった。私がそのことを悟ったのは、ある日、以前南カリフォルニアで一緒に引きこもっていた友人と、背の高いシナノキの幹にもたれて電話で話していたときだった。当時私はニューヨーク・シティ北部の別の友人のところに滞在していた。面積二万平方メートルの森と草原の敷地だ。蒸し暑い日だった。正面の門の外にトラックが停まる音がした。私が顔を上げると、ＵＰＳのドライバーが荷物を持って長い私道を歩いてきた。私は立ち上がり、広い芝生を横切ってドライバーのところまで行き、大声で「やあ」と言った。

「お客さんは立派な紳士ですね！」ドライバーは声を張りあげ、あとの道のりを歩かずにすんだことについて私に深く感謝した。汗まみれの額をぬぐって、もう一度礼を言う。「今日は午前二時から働いてるんです」。今は午後四時過ぎだ。配達すべきものはまだ残っている。「でもまあ、これで給料がもらえますから」

「たっぷりもらえることを願ってるよ」私は言い、そういう配達の仕事は大変だろうし、充分な賃金を受け取る値打ちはあると付け加えた。

歩み去るとき、彼は悪気なく、願望だけを込めて、八〇年前にローティが見出した人々の思いを代弁した。

「いずれは、あなたみたいな生活ができるようになりたいですよ」

デール・マハリッジ
ニューヨーク・シティにて
二〇二〇年一一月一〇日

謝辞

〈経済困窮報道プロジェクト〉とその理事長アリッサ・クォートと専務理事デヴィッド・ウォリス、『ネーション』誌の上級編集者リジー・ラトナーには、経済的なサポートをはじめとした種々のサポートに感謝している。デンバーで手伝ってくれたジュリアン・ルービンシュタインにもお礼を言いたい。また、道中協力をいただいた以下の団体や個人にも感謝を申し上げる——サクラメントの〈ロープス・アンド・フィッシュズ〉とアドボカシー・ディレクターのジョー・スミス、〈シャワー・オブ・ホープ〉とメル・ティレケラトネ、UCLA法学名誉教授ゲイリー・ブラーシ、〈ストラグル・オブ・ラブ財団〉とジョエル・ホッジ、テランス・ロバーツ、〈チルドレン・オブ・スミスフィールド〉とダルシー・カスタニェダ、アイオワ州デニソン元市長ネイサン・マート、〈セーフ・パーキングLA〉と副理事長エミリー・カントリム、いつも気前よく歓待してくれるロン・ブルーダー、そして本書で名前は挙げなかったが別の形で協力してくださった方々。ジョージタウン大学カルマノヴィッツ労働・低収入労働者研究所メンバーのジョン・ルッソとシェリー・リンコン、ネブラスカ州保健福祉省のジュリー・ノートン、ヤングスタウンで協力してくれた写真家ポール・グリッリ、作家にとって理想の編集者であるアンネームド・プレス出版社の共同創設者で発行人C・P・ハイザー、合同会社ジェニファー・ライオンズ著作権代理店の不屈のエージェントであるジェニファー・ライオンズには、特別な感謝の意を表する。

本書の一部の初出は『ネーション』誌、デール・マハリッジ著『白人マイノリティの出現——カリフォルニア、文化的多元性、そして我が国の未来（*The Coming White Minority: California, Multiculturalism, and the Nation's Future*）』（Vintage Books）（未邦訳）、デール・マハリッジ、マイケル・ウィリアムソン著『繁栄からこぼれ落ちたもうひとつのアメリカ——果てしない貧困と闘う「ふつう」の人たちの30年の記録』（University of California Press）、『サクラメント・ビー』紙、『ニューヨーク・タイムズ』紙。写真は、原書 pp.98-99 はテランス・ロバーツ提供、p.125 はネイサン・マート提供、p.30 はドロシー・ラング撮影、アメリカ議会図書館印刷物写真部門アメリカ農業安定局／戦時情報局 LC-USF34-009916-E、それ以外は著者からの提供。資金は経済問題報道プロジェクトの提供による。

訳者あとがき

二〇二〇年、世界はすっかり変わってしまった。もちろん原因は新型コロナウィルスの流行である。多くの国で、人々は家に閉じこもり、学校は休校し、飲食店や宿泊施設は休業に追い込まれ、企業ではリモートワークが広がり、医療従事者は自らが感染する危険に怯えながらも次々と運び込まれる患者の対応に追われた。二〇二一年に入ってワクチンが普及したため流行はいったんおさまったかに思えたが、感染力のより強い新たな変異ウィルスも次から次へと出現しており、まだ世界全体として終息は見えていない。

そして、ウィルス感染者や死者が世界で最も多いのがアメリカ合衆国である(二〇二一年九月初旬時点で累計感染者は約四〇〇〇万人、死者は約六四万人。人口が約三分の一で人口密度のはるかに高い日本に比べて感染者は二〇倍以上、死者は約四〇倍にのぼる)。防疫体制や医療が進んでいるはずのこの国で、これほどまでに感染が広がった原因の一つが、ウィルスの危険に対する前大統領の認識の甘さであることは否定できないだろう。「夏になったらウィルスは消える」と科学的根拠のない発言をしたトランプ氏を支持する集会には、ノーマスクの人々が密状態で集まっていた。大統領が交代したあとも、政党支持とマスク着用の有無は結びついており、マスク強制は自由の侵害だと主張する人々が少なからず存在する。流行が始まったとたんに大多数の国民が自発的にマスクをつけだした日本とはかなりの差がある、と言わざるをえない。

本書は、著者が二〇二〇年半ばにそんなパンデミックのさなかにあるアメリカを、西から東へと旅した記録である。廃業したガソリンスタンドで〝生まれたときからドン底（Fucked at birth）〟と書かれた落書きを見つけた彼は、ホームレス、支援団体の人々、貧困問題に取り組む研究者、困窮する労働者の家族などに会い、話を聞き、落書きを見せて感想を聞く。そうして、ホームレスや貧窮者が再びアメリカンドリームを見られるような社会を作るにはどうすればいいかを考察している。

著者デール・マハリッジは一九九〇年に著書『そして彼らの子どもたちは（*And Their Children After Them*）』（未邦訳）でピューリッツァー賞を受賞したジャーナリスト。貧困や労働者階級に関するノンフィクションを多く著し、『繁栄からこぼれ落ちたもうひとつのアメリカ――果てしない貧困と闘う「ふつう」の人たちの30年の記録（原題 *Someplace Like America:*

Tales from the New Great Depression）』（ダイヤモンド社、ラッセル秀子訳、二〇一三年）、『日本兵を殺した父――ピュリツァー賞作家が見た沖縄戦と元兵士たち（原題 *Bringing Mulligan Home: The Other Side of the Good War*）』（原書房、藤井留美訳、二〇一三年）という邦訳も出版されている。

労働者階級に生まれたマハリッジは、一貫して弱者の側に立った報道をしてきた。だがコロンビア大学大学院で教えている今、自分がコロナ禍による失業者や感染リスクを冒して現場で働くブルーカラー労働者とは対照的に安全な場所に引きこもってリモートワークができるホワイトカラーであることに、少々忸怩たる思いを抱いているらしく、ところどころに自戒を込めた表現が見受けられる。それでも彼は〝物わかりのいい大人〟ぶることなく、貧困層を救うためには最低賃金を上げ、教育の機会を設け、新たなニューディール政策を打ち出すべきであることを明瞭に述べている。

たとえコロナ禍が終息しても、失業した人々がすぐに仕事に戻れる保証はない。リモートワークが定着してもっと広く行われるようになれば、現場労働者の仕事は減り、ブルーカラーの働く場所がなくなるかもしれない。それでも、いずれアメリカンドリームが再構築されて、〝生まれたときからドン底〟だと言う人間がいなくなることを願う。かつて訳者のような昭和生まれの世代は、〝自由の国、あらゆる人々にチャンスが与えられる国、努力すれば成功できる国〟としてアメリカに憧れたものだ。その輝きをもう一度取り戻してほしい——本書を訳しての素直な感想である。

二〇二一年一〇月

上京　恵

◆著者

デール・マハリッジ（Dale Maharidge）

ジャーナリスト。1956年オハイオ州生まれ。貧困問題の記録報道におけるアメリカの代表的著作家。写真家マイケル・S・ウィリアムソンとの共著『そして彼らの子どもたちは（*And Their Children After Them*）』（未邦訳）で1990年ピュリツァー賞ノンフィクション部門を受賞。同じくウィリアムソンと組んで著した『あてどのない旅――新たな下層階級の物語（*Journey to Nowhere: The Saga of the New Underclass*）』（未邦訳）は、歌手ブルース・スプリングスティーンの『ヤングスタウン』や『ザ・ニュー・タイマー』などの歌にも影響を与えている。邦訳に『日本兵を殺した父：ピュリツァー賞作家が見た沖縄戦と元兵士たち』（原書房）、『繁栄からこぼれ落ちたもうひとつのアメリカ―――果てしない貧困と闘う「ふつう」の人たちの30年の記録』（ダイヤモンド社）がある。

◆訳者

上京恵（かみぎょう めぐみ）

英米文学翻訳家。2004年より書籍翻訳に携わり、小説、ノンフィクションなど訳書多数。訳書に『最期の言葉の村へ』、『インド神話物語　ラーマーヤナ』『学名の秘密　生き物はどのように名付けられるか』『男の子みたいな女の子じゃいけないの？　トムボーイの過去、現在、未来』（原書房）ほか。

FUCKED AT BIRTH
by Dale Maharidge
Copyright © 2020 by Dale Maharidge
Japanese translation published by arrangement with
Dale Maharidge c/o The Jennifer Lyons LiteraryAgency, LLC
through The English Agency (Japan) Ltd.

コロナ禍のアメリカを行く
ピュリツァー賞作家が見た繁栄から取り残された人々の物語

●

2021年11月24日　第1刷

著者……………デール・マハリッジ
訳者……………上京恵
装幀……………川島進
発行者……………成瀬雅人
発行所……………株式会社原書房
〒160-0022 東京都新宿区新宿 1-25-13
電話・代表　03(3354)0685
http://www.harashobo.co.jp/
振替・00150-6-151594
印刷・製本……………シナノ印刷株式会社
©LAPIN-INC 2021
ISBN978-4-562-05967-6, printed in Japan